# Manual rápido de ejercicios de baloncesto

# Manual rápido de ejercicios de baloncesto

David Gil

| Número de Control de la Biblioteca del Congreso de EE. UU.: | | 2013907285 |
| ISBN: | Tapa Dura | 978-1-4633-4769-7 |
| | Tapa Blanda | 978-1-4633-4767-3 |
| | Libro Electrónico | 978-1-4633-4768-0 |

**Para realizar pedidos de este libro, contacte con:**
Palibrio
1663 Liberty Drive
Suite 200
Bloomington, IN 47403
Gratis desde EE. UU. al 877.407.5847
Gratis desde México al 01.800.288.2243
Gratis desde España al 900.866.949
Desde otro país al +1.812.671.9757
Fax: 01.812.355.1576
ventas@palibrio.com
411569

*A mis padres por dejarme soñar.*

*A mis abuelos por cuidar mis sueños.*

*A mi hermana por compartirlos.*

*A Ainara por su comprensión, paciencia y cariño.*

*A Nefer por enseñarme a ver las cosas buenas de la vida.*

# ÍNDICE

# SIMBOLOGÍA

---▶  PASE

——|  BLOQUEO

∿∿∿▶  DRIBLING

——▶  DESPLAZAMIENTO SIN BALÓN

●  BALÓN  △ CONO  ⌐ PICA

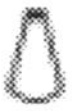

=  PASE DE MANO A MANO

**P&R**  BLOQUEO DIRECTO (PICK AND ROLL)

**Bloq.**  BLOQUEO

**PB**  POSTE BAJO

①②③④⑤  JUGADORES CON BALÓN

**x1 x2 x3 x4 x5**  DEFENSORES

**1  2  3  4  5**  JUGADORES SIN BALÓN

**E**  ENTRENADOR

# PRÓLOGO

Os presento MANUAL RÁPIDO DE EJERCICIOS DE BALONCESTO, un libro atractivo para la elaboración y planificación del entrenamiento. Son ya muchos años dedicados al baloncesto y, aunque suene a tópico, los jugadores buscamos en las sesiones de trabajo tres cosas básicas: divertirnos, mejorar y aprender. Si a esto unimos que los ejercicios sean dinámicos, competitivos y variados, estaremos en el camino de conseguir el éxito para nuestro equipo.

Todo esto lo he encontrado en este manual, muy directo y de fácil lectura para los entrenadores. En cada uno de los capítulos os vais a encontrar con situaciones reales del juego llevadas a ejercicios, y esto me gusta. Por ejemplo, hacer tiros que se dan en los partidos o encontrar aspectos del juego, tanto defensivos como ofensivos, para que el jugador sepa cómo ubicarse en la cancha.

Debo reconocer mi debilidad por la técnica individual y me ha parecido interesante la manera de llevarla a la práctica en este ejemplar. En cada apartado (no sólo el específico de técnica individual) se trabaja, pero de una manera muy práctica, y que verdaderamente nos sirve. Los fundamentos individuales, puestos al servicio del colectivo.

Pocos conceptos de juego se escapan a este manual. A lo largo de todos los episodios se trabajan varias disposiciones habituales en el baloncesto actual. Ahora te toca a ti como entrenador sacarle el máximo juego. Espero que lo disfrutes y te sirva también para crear una filosofía propia.

Pablo Prigioni

*Base argentino (Córdoba, 1977). Ha formado parte la temporada 2012-2013 de los New York Knicks de la NBA. Durante siete campañas fue jugador del Laboral Kutxa Baskonia. Su experiencia en España se completa con dos temporadas más en el Real Madrid, dos en Fuenlabrada y una en Alicante.*

*En su palmarés resalta una liga ACB, 3 Copas del Rey y 4 Supercopas con el Baskonia. Suma varias medallas con la selección Argentina. A destacar un Bronce Olímpico en Pekín 2008.*

*Individualmente tiene varias nominaciones. Entre otras muchas designaciones, la temporada 2006-2007 fue elegido mejor base de la Liga ACB e integrante del quinteto ideal.*

# INTRODUCCIÓN

En primer lugar, amigo lector-entrenador, bienvenido a este Manual Rápido de Ejercicios, un compendio de situaciones que nace fruto de la experiencia de muchas temporadas a pie de pista, tanto en el basket aficionado como en el profesional. Ante todo, el libro que tienes en tus manos pretende ser un manual eminentemente práctico y de aplicación inmediata, tal y como indica su nombre.

El objetivo primordial es ofrecer una recopilación de ejercicios –algunos conocidos, otros no tanto– de cara a facilitar la realización de entrenamientos atractivos, dinámicos y divertidos.

Si en algo se ha ahorrado en este manual es en la redacción excesiva de explicaciones vanas –el baloncesto tiene su propio lenguaje a través de los gráficos–. Lejos de dar un mitin en cada ejercicio, se ha buscado ir al grano, es decir, a la esencia. La intención es provocar en el lector-entrenador una idea general para que, luego, puedas trasladarla a tu entrenamiento de la misma manera que está escrita o adaptada a tu modo de hacer, incorporando matices propios.

A su vez, este manual se puede tomar de dos maneras: Como una progresión continua de ejercicios o bien a modo de compendio de situaciones que pueden ser aisladas de forma independiente.

El caso es promover en ti, entrenador, una reflexión en la forma de hacer y aportarte herramientas para que realices el trabajo sobre la cancha en función de tu filosofía o manera de entender el baloncesto. Al fin y al cabo la labor del técnico se basa en saber adaptar, modificar, o crear en función de sus necesidades.

No es posible saber de antemano qué necesidades tiene tu equipo. Pero, si puedes quedarte con una idea básica, o estos ejercicios pueden servir a modo de fuente de inspiración de otros, el objetivo, a buen seguro, se habrá conseguido.

# CAPÍTULO 1: El Tiro

*"Lo más importante para mí en una sesión de tiro es trabajar distintos aspectos a la vez. Intento hacer buenas recepciones porque creo que de ahí nace gran parte del porcentaje de acierto".* (Pablo Prigioni)

En este apartado, dedicado al tiro, se enumeran un conglomerado de ejercicios enérgicos que, además, tienen una semejanza con las situaciones reales de juego. En definitiva, el objetivo es fomentar que los jugadores lancen muchas veces a canasta para simular el ritmo de partido y sean partícipes de situaciones lógicas de juego.

Asimismo, es un intento por facilitar el trabajo de las bandejas –una situación básica en la finalización a canasta–, considerando ésta como una de las formas esenciales del ataque a la que, en numerosas ocasiones, no se le atribuye la importancia que debiera en los entrenamientos.

Eso sí, se debe tener en cuenta que los ejercicios desarrollados en este capítulo no pretenden centrarse específicamente en el trabajo de la mecánica de tiro –uno de los fundamentos más importantes, que habrá de ser previamente puesto en valor–.

Es ahora cuando el papel del entrenador toma un cariz importante en el desarrollo de la sesión, ya que el ejercicio de tiro lleva consigo una serie de gestos técnicos que no deberíamos descuidar: Recepciones, paradas, salidas o cómo pasar. También se debe poner énfasis en que las finalizaciones sean variadas y diferentes. Por ejemplo, si decidimos terminar con una bandeja, debemos incluir también en su solución fundamentos como el rectificado, finta previa de pase,… etc.

Primeramente, es necesario subrayar que los detalles técnicos son importantes a la hora de que un ejercicio salga correctamente. Hay una serie de fragmentos (pormenores) técnicos que se antojan importantes en el desarrollo del juego. Por ello, en una sesión de entrenamiento, el entrenador ha de tener presente siempre que está a punto de ensayar situaciones que después van a darse cita en el próximo partido.

Por ello, hay que insistir en que los gestos se hagan con rigor. Su desarrollo no consiste en una mera repetición de situaciones aisladas –fintas, bloqueos,…–. Lo esencial es estar atento a cómo se realiza cada pase, a cómo viene dada cada recepción de la pelota o la concepción misma de los bloqueos. Los gestos son primordiales a la hora de definir una situación de bloqueo –bien sea directo o indirecto–, el momento ideal para el *dribling*… Sin olvidar que el objetivo final es el tiro o la bandeja, pero siempre teniendo en cuenta el contexto en el que el resto de gestos técnicos son importantes de cara a afrontar el trabajo final del tiro.

La pretensión última es que los entrenadores, en función de sus ideas y su filosofía de juego o del análisis del equipo rival, puedan adaptar los ejercicios de tiro a su grupo de trabajo.

Una máxima. El técnico ha de ser un 'gran provocador' capaz de sumergir a sus jugadores en una dinámica clara: Crear soluciones variadas ante múltiples situaciones de conflicto.

# EJERCICIOS DE TIRO

### Tiro Ejercicio 1

La norma es "voy a donde paso".

### Tiro Ejercicio 1

Diferentes tipos de finalización: tiro / penetración / PB.

### Tiro Ejercicio 1

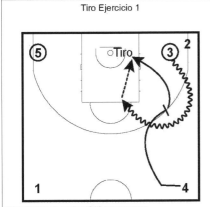

Otras formas de acabar: P&R / mano-mano

### Tiro Ejercicio 1

Mano-Mano

| Tiro Ejercicio 2 | Tiro Ejercicio 2 |
|---|---|

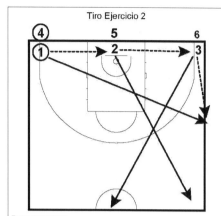

Pasar y moverse.

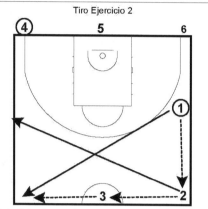

Recepciones de cara y buenos pases.

| Tiro Ejercicio 2 | Tiro Ejercicio 2 |
|---|---|

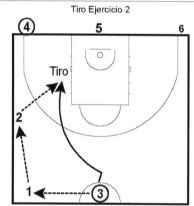

Diferentes finalizaciones: tiro / penetración / PB.

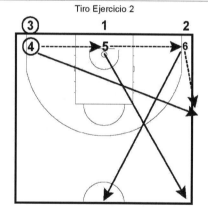

Rotación: todos corren una fila e iniciamos de nuevo el ejercicio.

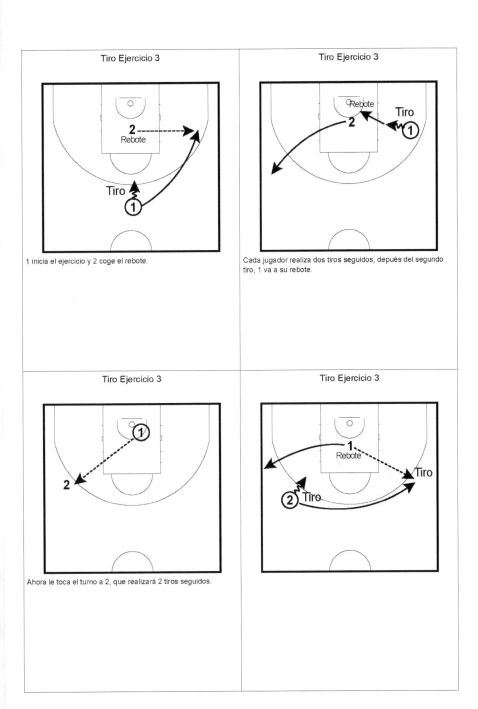

## Tiro Ejercicio 3

1 inicia el ejercicio y 2 coge el rebote.

## Tiro Ejercicio 3

Cada jugador realiza dos tiros seguidos, depués del segundo tiro, 1 va a su rebote.

## Tiro Ejercicio 3

Ahora le toca el turno a 2, que realizará 2 tiros seguidos.

## Tiro Ejercicio 3

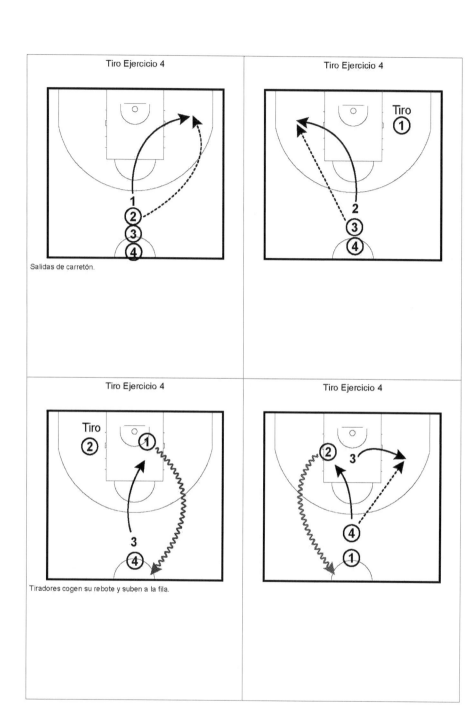

Tiro Ejercicio 4

Salidas de carretón.

Tiro Ejercicio 4

Tiro Ejercicio 4

Tiradores cogen su rebote y suben a la fila.

Tiro Ejercicio 4

20

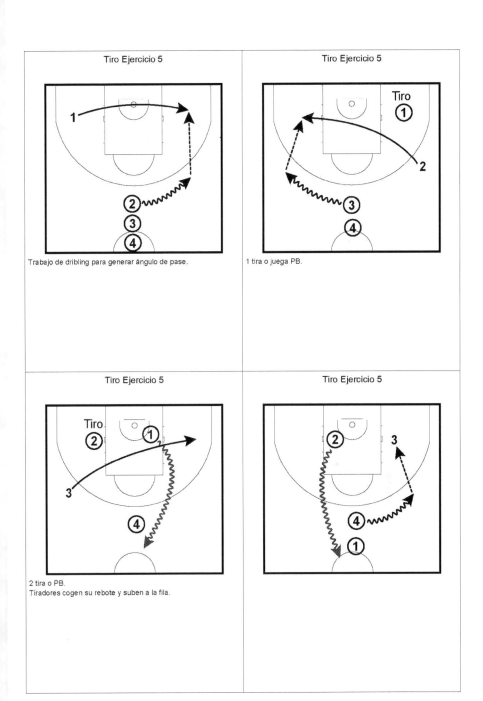

| Tiro Ejercicio 6 | Tiro Ejercicio 6 |
|---|---|

Trabajo de dribling para generar ángulo de pase.

Juego entre pivots.
2 se mueve en función de 1.

| Tiro Ejercicio 6 | Tiro Ejercicio 6 |
|---|---|

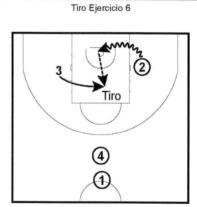

1 coge rebote y sube a la fila.
3 inicia con dribling y 2 gana en PB para empezar de nuevo.

3 se mueve en función de 2.

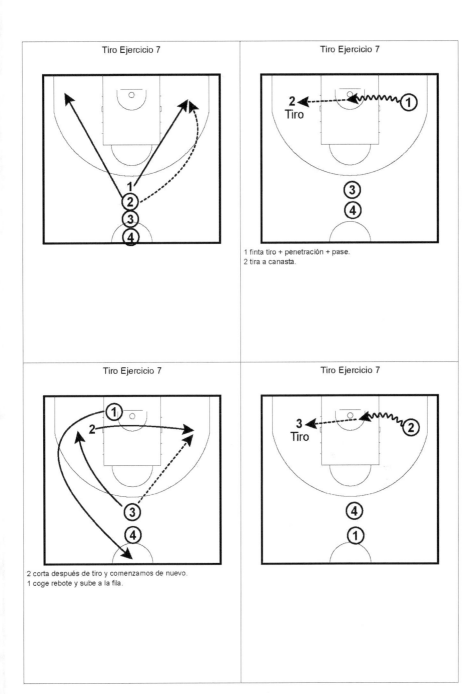

| Tiro Ejercicio 7 | Tiro Ejercicio 7 |
|---|---|

1 finta tiro + penetración + pase.
2 tira a canasta.

| Tiro Ejercicio 7 | Tiro Ejercicio 7 |
|---|---|

2 corta después de tiro y comenzamos de nuevo.
1 coge rebote y sube a la fila.

| Tiro Ejercicio 8 | Tiro Ejercicio 8 |
|---|---|

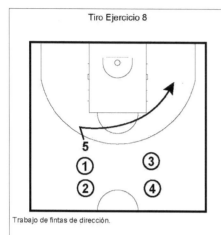

Trabajo de fintas de dirección.

| Tiro Ejercicio 8 | Tiro Ejercicio 8 |
|---|---|

5 y 3 tiro, cogen su rebote y cambian de fila.

Continuación del ejercicio.

## Tiro Ejercicio 9

Trabajo de finta dirección y cambios de ritmo.

## Tiro Ejercicio 9

1 y 4 tiro, cogen su rebote y cambian de fila.

## Tiro Ejercicio 9

Continuación del ejercicio.

## Tiro Ejercicio 9

| Tiro Ejercicio 10 | Tiro Ejercicio 10 |
|---|---|

1 tiro abierto y 2 tiro de tres puntos, cogen su rebote y cambio de fila.

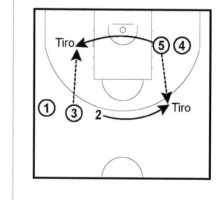

| Tiro Ejercicio 10 | Tiro Ejercicio 10 |
|---|---|

Sin rotación: interiores por abajo, exteriores por arriba.

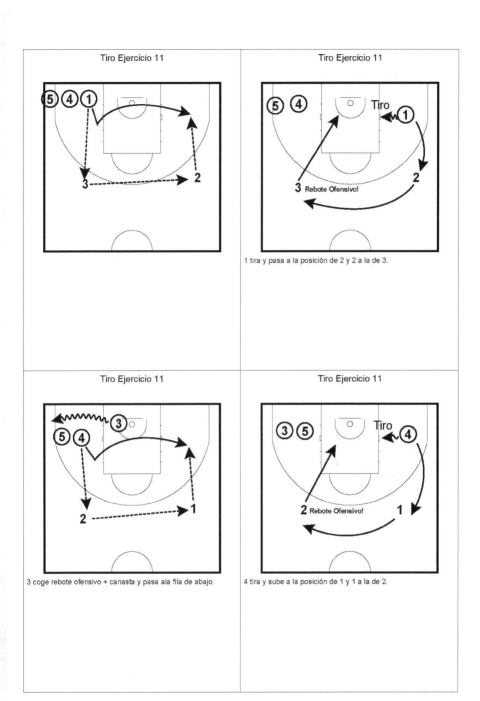

| Tiro Ejercicio 11 | Tiro Ejercicio 11 |
|---|---|
| | 1 tira y pasa a la posición de 2 y 2 a la de 3. |
| Tiro Ejercicio 11 | Tiro Ejercicio 11 |
| 3 coge rebote ofensivo + canasta y pasa ala fila de abajo. | 4 tira y sube a la posición de 1 y 1 a la de 2. |

## Tiro Ejercicio 12

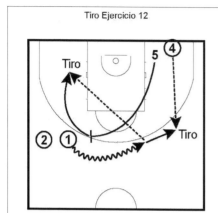

1 pasa a 5 y 4 pasa a 1.

## Tiro Ejercicio 12

1 y 5 rebote y cambio de fila si queremos cambiar roles.

## Tiro Ejercicio 12

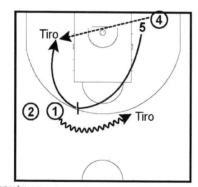

OPCIÓN: 1 tira y 4 pasa a 5.

## Tiro Ejercicio 12

Podemos competir: Grandes (tiros abiertos) VS Pequeños (tiro de tres)

### Tiro Ejercicio 13

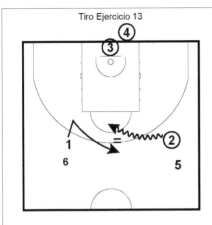

### Tiro Ejercicio 13

1 tiro tras mano a mano, 2 busca continuación.

### Tiro Ejercicio 13

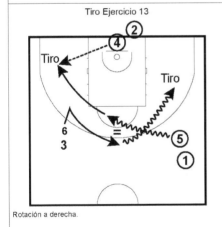

Rotación a derecha.

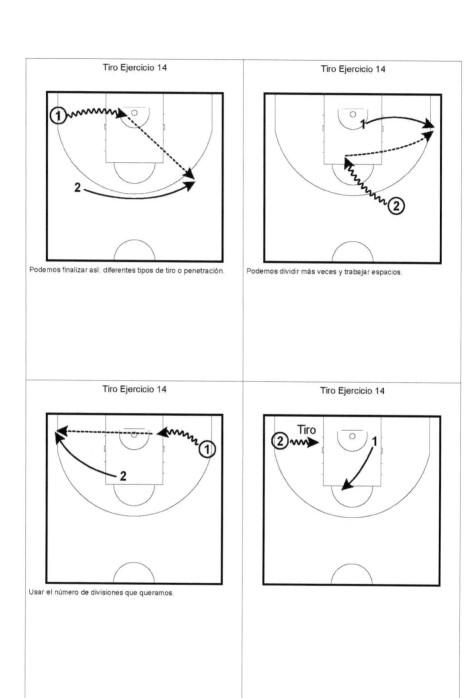

## Tiro Ejercicio 14

Podemos finalizar así: diferentes tipos de tiro o penetración.

## Tiro Ejercicio 14

Podemos dividir más veces y trabajar espacios.

## Tiro Ejercicio 14

Usar el número de divisiones que queramos.

## Tiro Ejercicio 14

Tiro

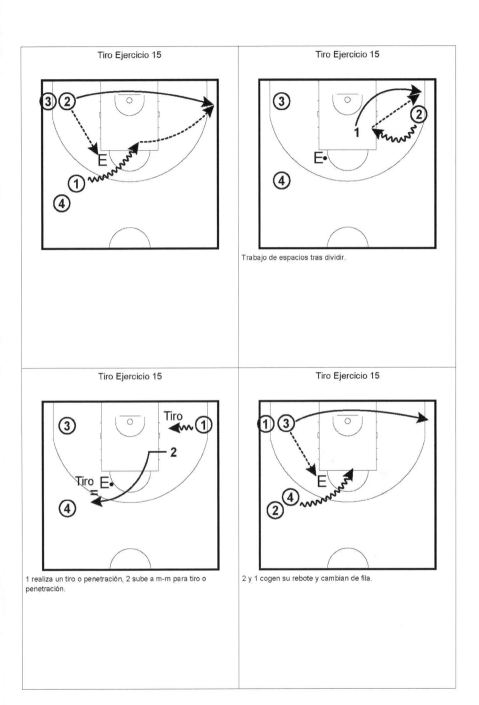

## Tiro Ejercicio 15

Trabajo de espacios tras dividir.

## Tiro Ejercicio 15

## Tiro Ejercicio 15

1 realiza un tiro o penetración, 2 sube a m-m para tiro o penetración.

## Tiro Ejercicio 15

2 y 1 cogen su rebote y cambian de fila.

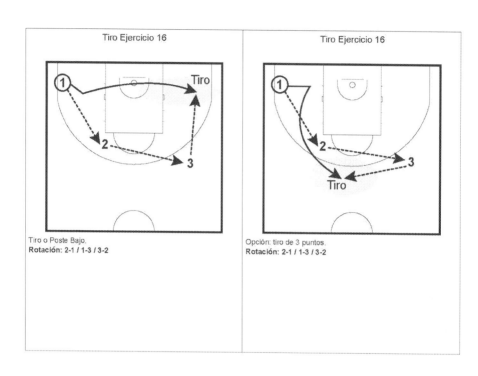

| Tiro Ejercicio 16 | Tiro Ejercicio 16 |
|---|---|
| Tiro o Poste Bajo.<br>**Rotación: 2-1 / 1-3 / 3-2** | Opción: tiro de 3 puntos.<br>**Rotación: 2-1 / 1-3 / 3-2** |

| Tiro Ejercicio 17 | Tiro Ejercicio 17 |
|---|---|
|  |  |
| 1 pasa a E y finta para salir. | 1 recibe pase de 2, que finta para cortar y recibir pase de E. |
| Tiro Ejercicio 17 | Tiro Ejercicio 17 |
|  | |
| Tiradores cogen su rebote y cambian de fila. | 3 inicia ejercicio de nuevo. |

## Tiro Ejercicio 18

Dos balones por equipo.

## Tiro Ejercicio 18

Tiradores cogen rebote y siempre van a la misma fila.

## Tiro Ejercicio 18

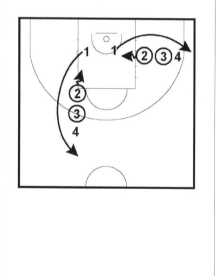

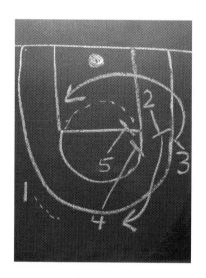

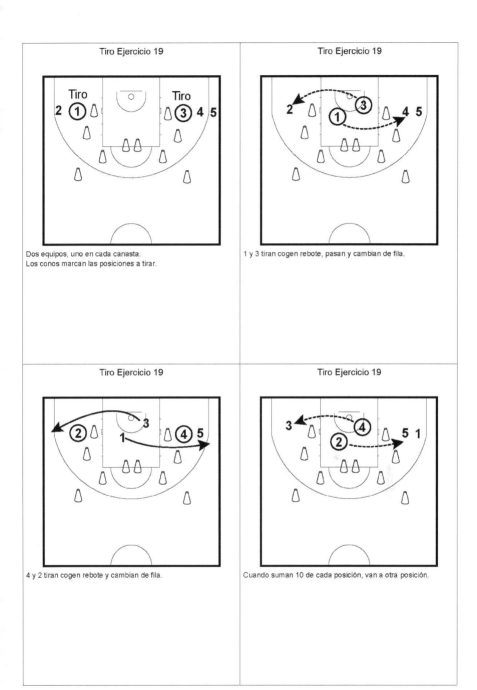

| Tiro Ejercicio 19 | Tiro Ejercicio 19 |
|---|---|
| Dos equipos, uno en cada canasta. Los conos marcan las posiciones a tirar. | 1 y 3 tiran cogen rebote, pasan y cambian de fila. |
| 4 y 2 tiran cogen rebote y cambian de fila. | Cuando suman 10 de cada posición, van a otra posición. |

| Tiro Ejercicio 20 | Tiro Ejercicio 20 |
|---|---|

1 pasa y busca un tiro en carrera.

1 después de tirar, busca un tiro tras bote: mano-mano / curl / pase

| Tiro Ejercicio 20 | Tiro Ejercicio 20 |
|---|---|

De nuevo 1 tras tirar, se desmarca para realizar un nuevo tiro. 2 va al rebote.

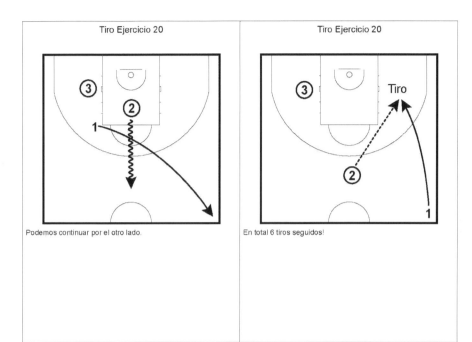

| Tiro Ejercicio 20 | Tiro Ejercicio 20 |
|---|---|
| Podemos continuar por el otro lado. | En total 6 tiros seguidos! |

# CAPÍTULO 2: Técnica individual

*"Se trabaja desde pequeño y hasta el último día que se juega. Cualquier jugador que quiera mejorar aspectos técnicos de su juego puede hacerlo si está dispuesto a trabajar duro".* (Pablo Prigioni)

Los ejercicios diseccionados a continuación quieren ser un aporte técnico de soluciones a las situaciones que después van a concurrir en un partido. Es decir, partiendo de situaciones tipo que pueden darse en un encuentro y en función de la filosofía del equipo, vamos a tratar de entrenar para mejorar a nuestros jugadores y dotarles de herramientas técnico-tácticas.

Los tres fundamentos estrella (bote, tiro y pase) están aquí representados. Lo que queremos es desarrollar secuencias en las que podamos dar rienda suelta a todos estos fundamentos, con las correcciones oportunas.

Para facilitar la labor y el aprovechamiento óptimo del entrenamiento, como propuesta, se recurre a la división por puestos. En un aro pueden darse cita los interiores y, en otro, los exteriores. Con la misión puesta en que cada uno de estos dos grupos pueda mejorar las situaciones de juego que nos interese, bien en función de nuestros sistemas o por necesidades del equipo rival.

En este desglose del juego, concebido con la intención de pulir la técnica, varios ejercicios llevan intrínseco un sobreesfuerzo, facultad que se antoja primordial en el desarrollo final del apartado técnico. Después de realizar una acción puntual debemos obligar al jugador a continuar con un balance defensivo, o bien a que acompañe su acción de un *sprint* hasta el medio campo; reboteando primero para pasar después…

Se trata de sumar al esfuerzo inicial otro más, acompañándolo de un nuevo gesto técnico… Buscamos acumular –en un periodo de 15 a 20 segundos– varios gestos de técnica individual unidos a la precisión y la exigencia.

Se trata de dar forma a una técnica individual aplicada. Por lo tanto, la corrección toma un papel más importante que en los ejercicios del apartado destinado al tiro.

Pero… ¿por qué trabajar varios gestos técnicos –unos después de otros– acompañados de una intensidad notable? Porque, en un partido de baloncesto, durante periodos cortos de tiempo, cada jugador debe hacer una serie de esfuerzos seguidos, tanto en ataque como defensa. Por ello, la técnica individual tiene que ir acorde con una buena preparación física.

En esta relación de ejercicios se pone el énfasis en la técnica individual ofensiva, pero también en la defensiva, centrando la atención en la calidad de los desplazamientos o en cómo se debe trabajar para defender los bloqueos directos, los indirectos o las salidas. En definitiva, es el momento de poner criterio a nuestro arsenal defensivo.

# EJERCICIOS DE TÉCNICA INDIVIDUAL

| Técnica Individual Ejercicio 1 | Técnica Individual Ejercicio 1 |
|---|---|
| 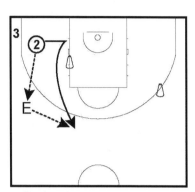 | 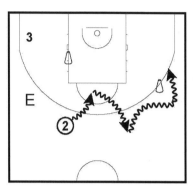 |
| 2 pasa a E y sube por bloqueo para recibir. | Trabajo de bote: atacar y volver, fintas de atacar. |
| Técnica Individual Ejercicio 1 | Técnica Individual Ejercicio 1 |
|  | 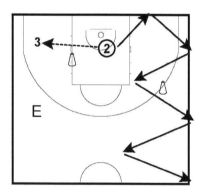 |
| Penetración o tiro. | Pase al siguiente + desplazamiento defensivo. |

## Técnica Individual Ejercicio 2

1 pasa a E y corta agresivo pidiendo el balón.

## Técnica Individual Ejercicio 2

1 choca contra 2 y sale con cambio de ritmo a buscar el balón al exterior.

## Técnica Individual Ejercicio 2

Trabajamos diferentes formas de recibir y de finalizar, 2 hace de defensa pasiva.

## Técnica Individual Ejercicio 2

2 coge rebote y sube para atacar, 1 se queda de defensor pasivo dentro de la zona y 3 inicia el ejercicio.

41

## Técnica Individual Ejercicio 3

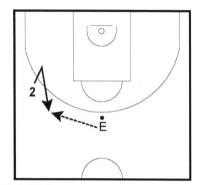

Finta de recepción.

## Técnica Individual Ejercicio 3

Tiro tras bote / finta.

## Técnica Individual Ejercicio 3

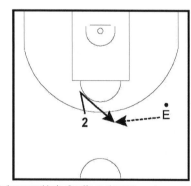

Podemos cambiar la situación en el campo.

## Técnica Individual Ejercicio 3

Diseñar diferentes maneras de acabar.
Podemos simular P&R.

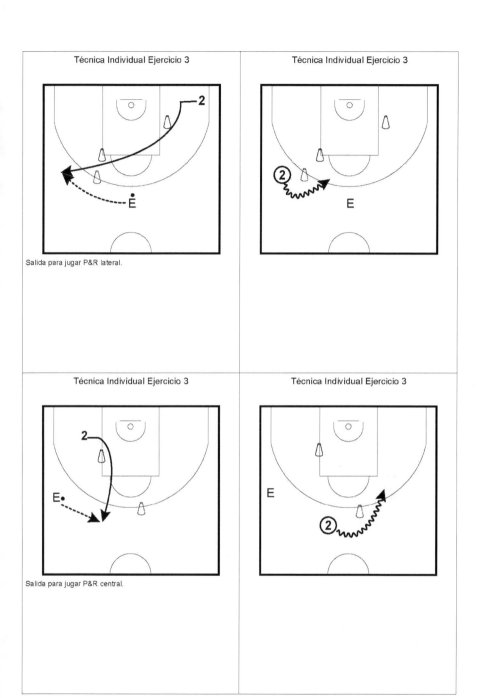

| Técnica Individual Ejercicio 3 | Técnica Individual Ejercicio 3 |

Salida para jugar P&R lateral.

| Técnica Individual Ejercicio 3 | Técnica Individual Ejercicio 3 |

Salida para jugar P&R central.

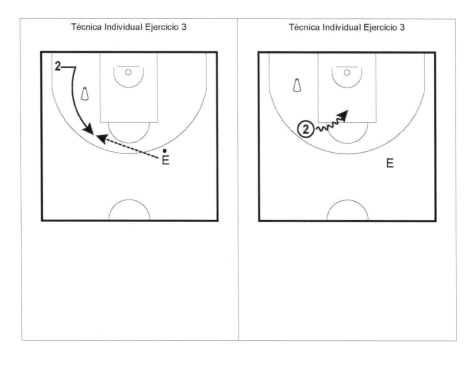

| Técnica Individual Ejercicio 4 | Técnica Individual Ejercicio 4 |
|---|---|
| | |
| Diferentes tipos de dribling. | 1x1: dividir y pasar. |
| Técnica Individual Ejercicio 4 | Técnica Individual Ejercicio 4 |
| | |
| Trabajo de recepción + sprint. | Diferentes penetraciones o tiro. Podemos trabajar una división más. |

## Técnica Individual Ejercicio 5

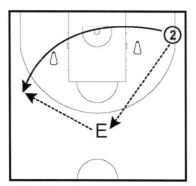

2 pasa a E + sprint + curl

## Técnica Individual Ejercicio 5

Curl + penetración/tiro + Rebote

## Técnica Individual Ejercicio 5

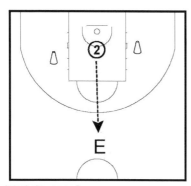

2 rebotea fuerte y pasa a E

## Técnica Individual Ejercicio 5

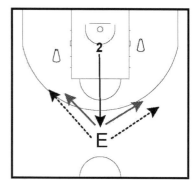

E tira el balón por sorpresa y 2 reacciona rápidamente para recuperar el balón. 2 acaba realizando una penetración fuerte a canasta.

| Técnica Individual Ejercicio 6 | Técnica Individual Ejercicio 6 |
|---|---|
| 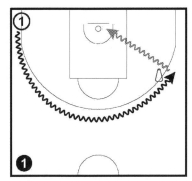 | 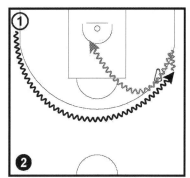 |
| Bote lateral + penetración pierna abierta derecha. | Bote lateral + finta penetración pierna abierta + cambio entre piernas + penetración pierna abierta izquierda. |

| Técnica Individual Ejercicio 6 | Técnica Individual Ejercicio 6 |
|---|---|
| 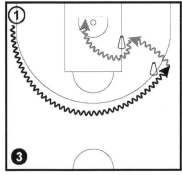 |  |
| Bote lateral + finta penetración pierna abierta + lectura ayuda del pivot + un cambio + penetración aro pasado. | Bote lateral + fintas de atacar + penetración pierna abierta derecha. |

## Técnica Individual Ejercicio 7

Trabajo de pase. Diferentes formas de pasar.

## Técnica Individual Ejercicio 7

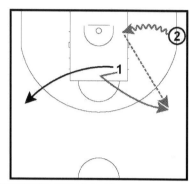

Utilizar diferentes criterios de espacio.

## Técnica Individual Ejercicio 7

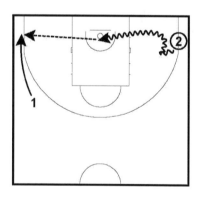

## Técnica Individual Ejercicio 7

Terminar con tiro/penetración.

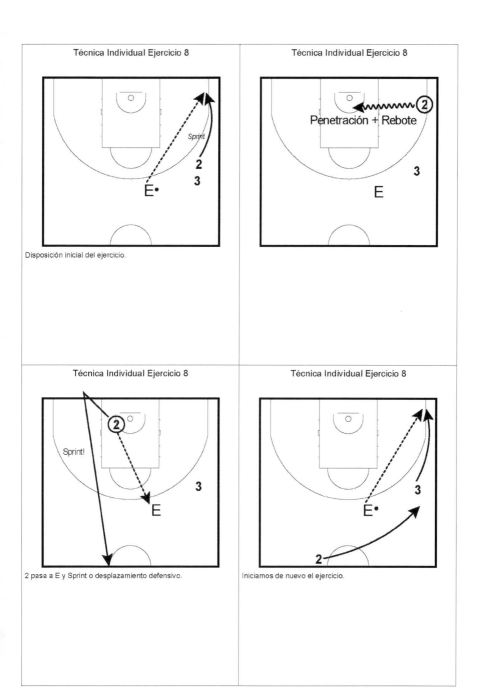

| Técnica Individual Ejercicio 8 | Técnica Individual Ejercicio 8 |
|---|---|
| Sprint 2 3 É• | Penetración + Rebote ② 3 E |
| Disposición inicial del ejercicio. | |
| Técnica Individual Ejercicio 8 | Técnica Individual Ejercicio 8 |
| ② Sprint! 3 E | 3 É• 2 |
| 2 pasa a E y Sprint o desplazamiento defensivo. | Iniciamos de nuevo el ejercicio. |

Técnica Individual Ejercicio 9

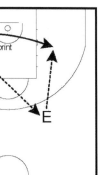

Técnica Individual Ejercicio 9

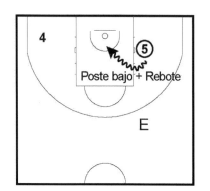

Técnica Individual Ejercicio 9

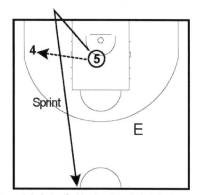

5 pasa al siguiente y Sprint o desaplazamiento defensivo.

Técnica Individual Ejercicio 9

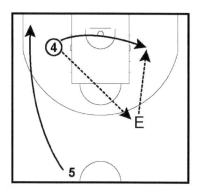

Iniciamos de nuevo el ejercicio.

| Técnica Individual Ejercicio 10 | Técnica Individual Ejercicio 10 |
|---|---|
|  |  |
| 5 pasa a E y pone bloqueo indirecto. | 5 gana posición y juega PB. |

| Técnica Individual Ejercicio 10 | Técnica Individual Ejercicio 10 |
|---|---|
| 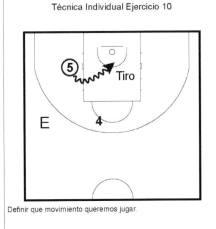 | 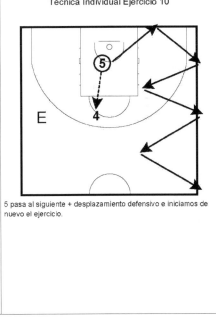 |
| Definir que movimiento queremos jugar. | 5 pasa al siguiente + desplazamiento defensivo e iniciamos de nuevo el ejercicio. |

51

## Técnica Individual Ejercicio 11

5 pasa a E

## Técnica Individual Ejercicio 11

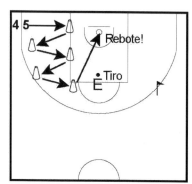

5 inicia desplazamiento defensivo y va al rebote tras tiro de E.

## Técnica Individual Ejercicio 11

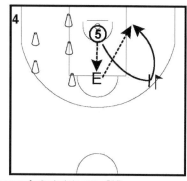

Tras coger fuerte el rebote, pase y P&R.

## Técnica Individual Ejercicio 11

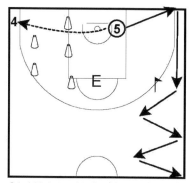

Pase 5-4 e inicia 4 el ejercicio. 5 sprint esquina + sprint 3 puntos + defensa medio campo.

## Técnica Individual Ejercicio 12

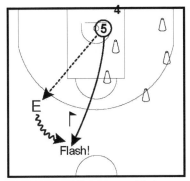

Trabajamos defensa de P&R, en este caso defendemos *parar balón*: sprint + defensa flash.

## Técnica Individual Ejercicio 12

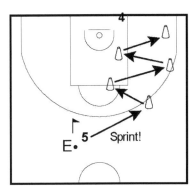

5 recupera al primer cono y empieza el desplazamiento defensivo.

## Técnica Individual Ejercicio 12

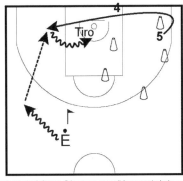

Terminada la defensa, 5 juega para recibir en poste bajo en movimiento tras pase de E.

## Técnica Individual Ejercicio 12

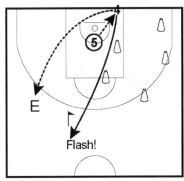

5 coge su rebote y pasa a 4 que inicia el ejercicio.

Técnica Individual Ejercicio 13

Conceptos de pivot: cómo pasar y luchar para recibir, cómo recibir.

Técnica Individual Ejercicio 13

5 juega un movimiento de poste bajo + rebote.

Técnica Individual Ejercicio 13

5 Pasa a E después de rebotear.

Técnica Individual Ejercicio 13

5 Sube para tiro de poste alto o penetración.

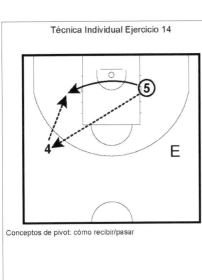

Conceptos de pivot: cómo recibir/pasar

Trabajo de bote: diferetes tipos de bote (VS. defensa fuerte)

Trabajo de recepción + poste bajo.

Diferentes tipos de poste bajo.

## Técnica Individual Ejercicio 15

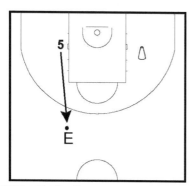

Sprint para puntear tiro a E.

## Técnica Individual Ejercicio 15

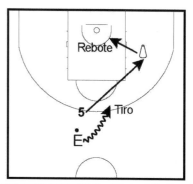

5 trabaja desplazamiento defensivo, E tira a canasta y 5 va al rebote.

## Técnica Individual Ejercicio 15

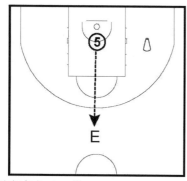

5 rebotea fuerte y pasa a E.

## Técnica Individual Ejercicio 15

5 sube en sprint para jugar P&R.

| Técnica Individual Ejercicio 16 | Técnica Individual Ejercicio 16 |
|---|---|
| 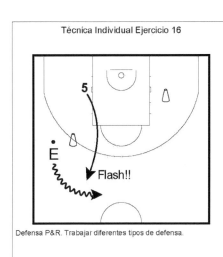 |  |
| Defensa P&R. Trabajar diferentes tipos de defensa. | 5 trabaja desplazamiento defensivo y E tira a canasta. |
| Técnica Individual Ejercicio 16 | Técnica Individual Ejercicio 16 |
|  | |
| 5 rebotea fuerte y pasa a E. | 5 trabaja para recibir fuerte en poste bajo. |

## Técnica Individual Ejercicio 17

Trabajamos situaciones de juego cerca del aro.

## Técnica Individual Ejercicio 17

La primera situación es por el centro de la zona. 3 después de pasar va a por el rebote.

## Técnica Individual Ejercicio 17

La segunda situación es de poste bajo en un lado. 2 pasa y va a por el rebote.

## Técnica Individual Ejercicio 17

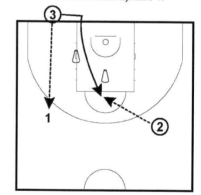

Rotamos a derecha y seguimos el ejercicio.

| Técnica Individual Ejercicio 18 | Técnica Individual Ejercicio 18 |
|---|---|
| 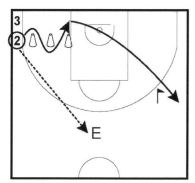 | 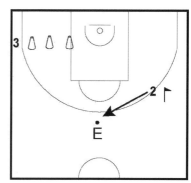 |
| 2 pasa a E + sprint entre bloqueos (conos) + salida a línea de pase | Sprint a recuperar el balón. |
| Técnica Individual Ejercicio 18 | Técnica Individual Ejercicio 18 |
| 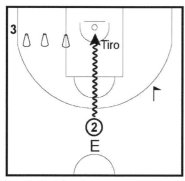 | 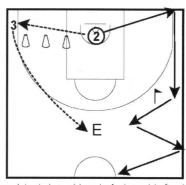 |
| Fuerte penetración de 2 + rebote. | 2 pasa al sigueiente + sprint esquina fondo + sprint a 3 puntos + defensa medio campo y 3 inicia de nuevo. |

## Técnica Individual Ejercicio 19

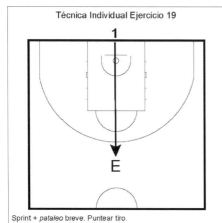

Sprint + *pataleo* breve. Puntear tiro.

## Técnica Individual Ejercicio 19

Defensa pisando la banda.

## Técnica Individual Ejercicio 19

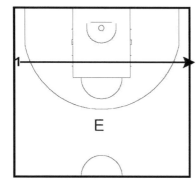

Defensa de banda a banda.

## Técnica Individual Ejercicio 20

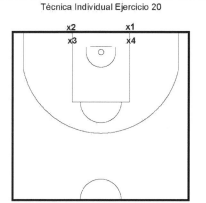

Sprint + pataleo con mano arriba + defensa hacia línea de fondo.

## Técnica Individual Ejercicio 20

Repetir esta secuencia 3 veces, para iniciar en la fila contraria.

## Técnica Individual Ejercicio 20

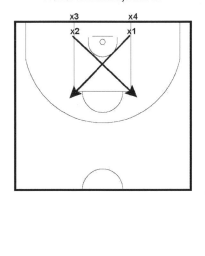

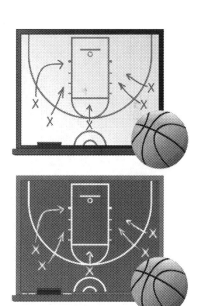

# CAPÍTULO 3: Táctica Individual

*"Aprender a respetar las reglas que se ponen e intentar que todos sepan qué hacer en cada situación. El nivel táctico individual de los jugadores del equipo, influirá directamente en el funcionamiento colectivo".* (Pablo Prigioni)

Este capítulo, que pretende introducir al lector a la táctica individual, está muy relacionado con el inmediatamente anterior, dedicado a la técnica individual.

Primero de todo, una puntualización: Incidir en la diferencia que hay entre técnica y táctica. A mi entender, la táctica individual hace referencia a aquellos aspectos del juego que tenemos que mejorar con un mínimo de dos personas en sintonía.

Los ejercicios mostrados a continuación pretenden servir para incitar en el aprendizaje de los aspectos individuales que son necesarios para trabajar en equipo. Hay que tener muy presente que, en la aplicación ideal de la táctica colectiva, necesitamos a un compañero para tener éxito. Esta premisa está presente de forma significativa en la siguiente relación de gráficos.

*"Se busca que el jugador entienda el juego y sepa leer distintas situaciones. La clave está en saber dónde ubicarse*

*y comprender de qué manera quiere el entrenador que el juegue el equipo".* (Pablo Prigioni)

Esta táctica individual aplicada debe convertirse también en un desglose de las partes del juego, pero con un matiz más extenso que si hablásemos sólo de la técnica. El reto de su puesta en práctica consiste en aprender a leer mejor cada situación de juego que se presente en todo momento.

En el apartado actual se van a desarrollar también una serie de ejercicios bajo el formato de 'ruedas' en las que los jugadores implicados deben conjugar muy bien el *timing* (coordinación) para que, en un corto espacio de tiempo, puedan enlazar tres acciones distintas con tres finalizaciones diferentes que se podrían dar en una situación tipo. Además, tienen la misión de terminar cada acción de forma diferente.

La labor del entrenador consiste en estar pendiente de la suma de detalles que hay en cada ejercicio, bien sea en lo que respecta a las simulaciones de bloqueos; o bien en la manera de potenciar que, cuando un jugador tenga el balón en su poder y todavía no haya definido a quién pasar, esté haciendo fintas o trabajando el bote de forma constante. En resumen, el técnico al cargo ha de insistir en todos los fundamentos que son óbice a la hora de hacer bueno un ejercicio.

Se puede poner el énfasis en dos o tres cosas, pero con el objetivo inequívoco de corregirlas. Si no, el ejercicio no se desarrollará en la plenitud debida.

Si no corregimos los detalles o no les prestamos la atención que merecen, las situaciones propuestas en este capítulo no lograrán el objetivo final que estamos buscando.

# EJERCICIOS DE TÁCTICA INDIVIDUAL

| Táctica Individual Ejercicio 1 | Táctica Individual Ejercicio 1 |
|---|---|
| 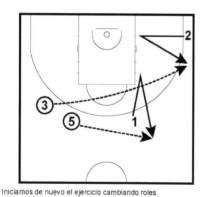 |  |
| 5 finta bloq indirecto.<br>3 finta salida por bloq indirecto. | 5 y 3 tiran, cogen su rebote y cambio de roles. |

| Táctica Individual Ejercicio 1 | Táctica Individual Ejercicio 1 |
|---|---|
| |  |
| Iniciamos de nuevo el ejercicio cambiando roles. | |

## Táctica Individual Ejercicio 2

Detalles de técnica individual: pase, bloqueo, recepción...

## Táctica Individual Ejercicio 2

5 y 3 tiran, cogen su rebote y cambio de roles.

## Táctica Individual Ejercicio 2

Iniciamos de nuevo el ejercicio.

## Táctica Individual Ejercicio 2

## Táctica Individual Ejercicio 3

Aprendizaje lectura de la defensa

## Táctica Individual Ejercicio 3

5 y 3 tiran, cogen su rebote y cambio de roles.

## Táctica Individual Ejercicio 3

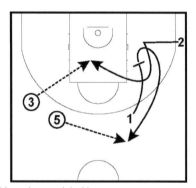

Iniciamos de nuevo el ejercicio.

## Táctica Individual Ejercicio 3

| Táctica Individual Ejercicio 4 | Táctica Individual Ejercicio 4 |
|---|---|
|  |  |
| Aprendizaje lectura de la defensa. | 5 y 3 tiran, cogen su rebote y cambio de roles. |
| Táctica Individual Ejercicio 4 | Táctica Individual Ejercicio 4 |
| 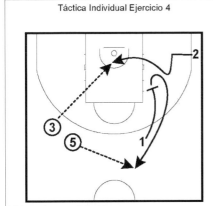 |  |
| Iniciamos de nuevo el ejercicio. | |

| Táctica Individual Ejercicio 5 | Táctica Individual Ejercicio 5 |
|---|---|

Aprendizaje de lectura de la defensa.

5 y 3 tiran, coegn su rebote y cambio de roles.

| Táctica Individual Ejercicio 5 | Táctica Individual Ejercicio 5 |
|---|---|

Iniciamos de nuevo el ejercicio.

## Táctica Individual Ejercicio 6

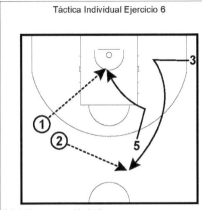

5 finta bloqueo y cambia de ritmo.

## Táctica Individual Ejercicio 6

5 y 3 tiran, cogen su rebote y cambio de roles.

## Táctica Individual Ejercicio 6

Iniciamos de nuevo el ejercicio.

## Táctica Individual Ejercicio 6

## Táctica Individual Ejercicio 7

Aprendizaje de lectura de la defensa.

## Táctica Individual Ejercicio 7

5 y 3 tiran, cogen rebote y cambio de roles.

## Táctica Individual Ejercicio 7

Iniciamos de nuevo el ejercicio

## Táctica Individual Ejercicio 7

## Táctica Individual Ejercicio 8

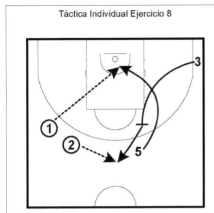

Detalles de técnica individual: pase, bloqueo...

## Táctica Individual Ejercicio 8

5 y 3 tiran, cogen su rebote y cambio de roles.

## Táctica Individual Ejercicio 8

Iniciamos de nuevo el ejercicio.

## Táctica Individual Ejercicio 8

| Táctica Individual Ejercicio 9 | Táctica Individual Ejercicio 9 |
|---|---|

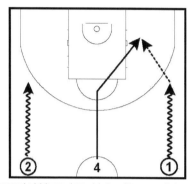

4 pase a 1 e iniciamos. 1 pasa interior y 2 juega con *timing*.

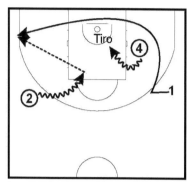

1 corta y 4 juega en poste bajo y coge su rebote, 2 divide para pasar a 1.

| Táctica Individual Ejercicio 9 | Táctica Individual Ejercicio 9 |
|---|---|

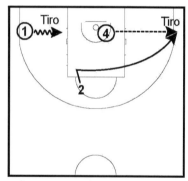

4 pasa a 2 que juega para recibir y cambia de fila, 1 tira o penetra.

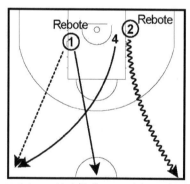

1 coge rebote y cambia de fila, 2 coge su rebote y cambia de fila. Poner criterio a la rotación: por ejemplo a derecha

| Táctica Individual Ejercicio 10 | Táctica Individual Ejercicio 10 |
|---|---|
| 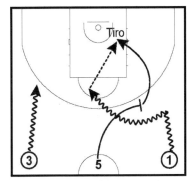 | 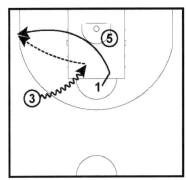 |
| P&R en transición. 3 juega con *timing*. | 5 coge su rebote y 1 juega para recibir de 3. |

| Táctica Individual Ejercicio 10 | Táctica Individual Ejercicio 10 |
|---|---|
| 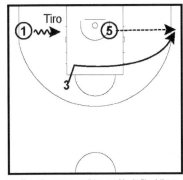 | 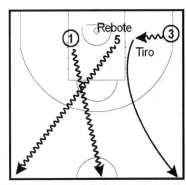 |
| 5 pasa a 3 que juega para recibir y cambia de fila, 1 tira o penetra. | 1 coge su rebote y cambia de fila, 3 tira o penetra y cambia de fila, 5 coge rebote de 3 y cambia de fila. |

| Táctica Individual Ejercicio 11 | Táctica Individual Ejercicio 11 |
|---|---|
| 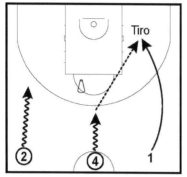 | 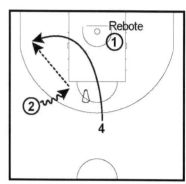 |
| 1 *sprint* para tiro en contraataque y coge rebote. | 4 corta para tiro abierto y 1 coge su rebote. |
| Táctica Individual Ejercicio 11 | Táctica Individual Ejercicio 11 |
| 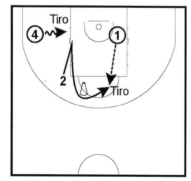 | 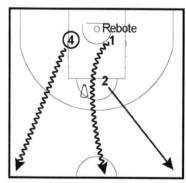 |
| 4 tira abierto y 1 pasa a 2 que juega curl para tiro y cambia de fila. | 1 coge rebote de 2 y cambian de fila, 4 coge su rebote y cambio de fila. |

## Táctica Individual Ejercicio 12

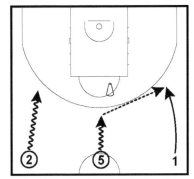

Trabajo de dribling para 5 y 2. 5 pasa a 1.

## Táctica Individual Ejercicio 12

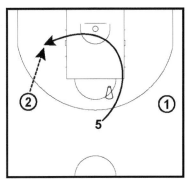

5 corta para recibir en poste bajo. trabajo de dribling de 2 y 1. 2 pasa a 5.

## Táctica Individual Ejercicio 12

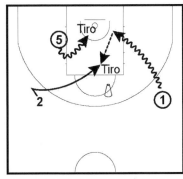

5 juega poste bajo y coge so rebote. 1 penetra y pasa a 2 en corte para que tire y coge su rebote

## Táctica Individual Ejercicio 12

5 pasa a 1que tira de 3 puntos. Poner una norma en la rotación, por ejemplo a derecha.

## Táctica Individual Ejercicio 13

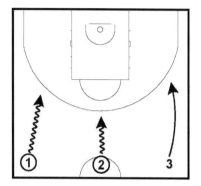

## Táctica Individual Ejercicio 13

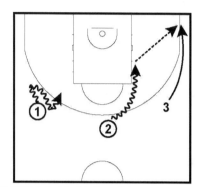

Ocupación de esquinas, 1 juega con *timing*.

## Táctica Individual Ejercicio 13

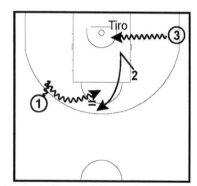

3 finta + penetración y coge rápido su rebote. 2 sube al mano-mano con 1.

## Táctica Individual Ejercicio 13

2 tiro tras bote, 1 busca tiro abierto tras pase de 3. Poner un criterio en la rotación: por ejemplo a derecha.

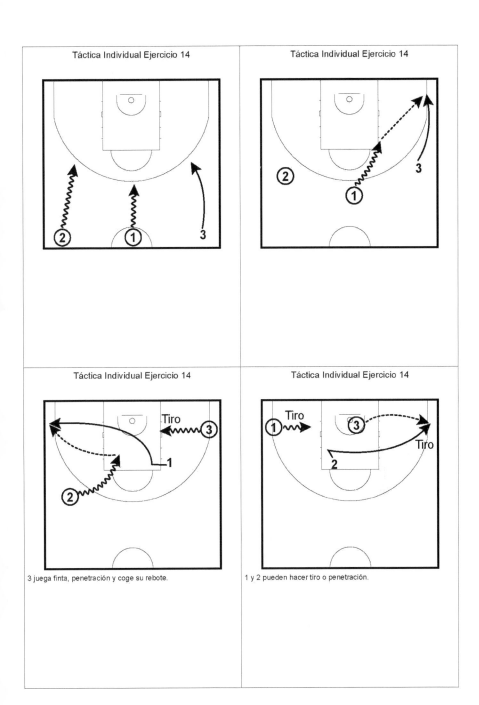

Táctica Individual Ejercicio 14

Táctica Individual Ejercicio 14

Táctica Individual Ejercicio 14

Táctica Individual Ejercicio 14

3 juega finta, penetración y coge su rebote.

1 y 2 pueden hacer tiro o penetración.

## Táctica Individual Ejercicio 15

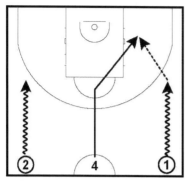

4 pase a 1 e iniciamos. 1 pasa interior y 2 juega con *timing*.

## Táctica Individual Ejercicio 15

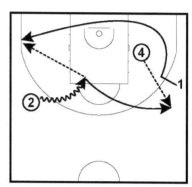

1 corta y 4 mueve balón o puede botar buscando timing, 2 divide para pasar a 1 y va a recibir de 4.

## Táctica Individual Ejercicio 15

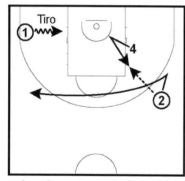

4 pasa a 2 y recula para volver a recibir y jugar poste bajo, 2 se mueve y 1 tira o penetra y coge su rebote.

## Táctica Individual Ejercicio 15

1 pasa 2 que juega en pentración o tiro. Poner criterio a la rotación: por ejemplo a derecha.

# CAPÍTULO 4: Ejercicios de Contraataque

*"En estos ejercicios suele haber tendencia a abusar de las pérdidas de balón. Es fundamental controlar este aspecto por más que se ejecute el ejercicio a máxima velocidad".*
(Pablo Prigioni)

Afrontamos este capítulo como una parte del manual en la que poder apreciar los ejercicios que lo componen como si de una progresión se tratara, o bien, de una forma aislada. Es posible, por tanto, trabajarlos de forma independiente o buscarle el matiz evolutivo, ya que existe un orden secuenciado entre ellos.

La disposición inicial de todos es siempre la misma y, a partir de ahí, se van ampliando las situaciones. En otros apartados de este manual como el tiro, 1x1 y 2x2 podemos encontrar situaciones de disposición inicial idénticas a las desarrolladas en estos ejercicios de contraataque.

Invitamos al lector-entrenador a que pueda enlazar esos ejercicios de disposición inicial parecida de cara a construir una evolución progresiva y finalizar siempre la jugada en contraataque. El diseño inicial es el mismo, pero aquí le buscamos una continuidad mayor. Por ello, es posible recurrir a ejercicios de tiro con esta misma disposición inicial.

Las situaciones que se presentan no son ejercicios de contraataque como tal, sino que van más allá e invitan al jugador a estar activo en defensa. Pretenden promover su actividad defensiva para incentivarle y que se encuentre después con una ventaja clara en ataque. El objetivo radica en que nuestros jugadores corran en ventaja y sean capaces de leer las situaciones de superioridad.

La paradoja de estos ejercicios es que, para potenciar la situación de agresividad defensiva, estamos provocando que defiendan más jugadores de los que atacan. Es decir, vamos a promover ante todo situaciones de 2c3. Al hacer trabajar la lectura del ataque frente a un defensor más lo que en realidad estamos haciendo es añadir una dificultad mayor a la hora de atacar.

En la progresión final de los ejercicios 3c2+1/ 4c3+1 (hablaremos de ello más extensamente en el anexo del libro), si los jugadores no leen rápido la situación, la ventaja se puede convertir en una situación de igualdad o, incluso, de inferioridad. Por esa razón los llamamos ejercicios de contraataque.

# EJERCICIOS DE CONTRAATAQUE

| Contraataque Ejercicio 1 | Contraataque Ejercicio 1 |
|---|---|
| 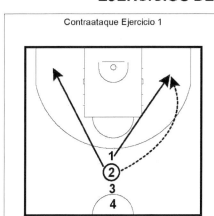 |  |
| Disposición inicial del ejercicio. | 1 finta tiro, juega en penetración y pasa a 2.<br>3 se abre para recibir pase de 2. 4 también se abre. |

| Contraataque Ejercicio 1 | Contraataque Ejercicio 1 |
|---|---|
| 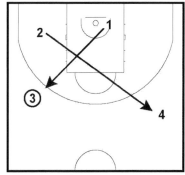 |  |
| 1 sube a defender a 3 y 2 sube a defender a 4. | 2x2, 4 tira a canasta. |

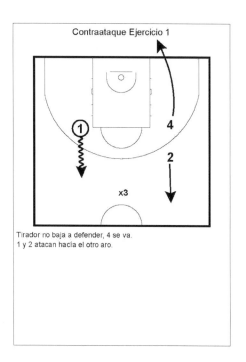

### Contraataque Ejercicio 1

**4**

**1**

**2**

**x3**

Tirador no baja a defender, 4 se va.
1 y 2 atacan hacia el otro aro.

## Contraataque Ejercicio 2

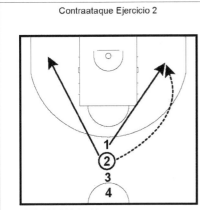

Disposición inicial del ejercicio.

## Contraataque Ejercicio 2

1 finta tiro, juega en penetración y pasa a 2.
3 se abre para recibir pase de 2. 4 también se abre.

## Contraataque Ejercicio 2

1 sube a defender a 3 y 2 sube a defender a 4.

## Contraataque Ejercicio 2

Tiro

2x2, 3 acaba tirando a canasta.

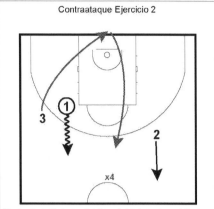

**Contraataque Ejercicio 2**

Tirador, 3 en este caso, pisa línea de fondo y corre a defender:
2x1 + 1. 1 y 2 atacan hacia el otro aro.

| Contraataque Ejercicio 3 | Contraataque Ejercicio 3 |
|---|---|
| 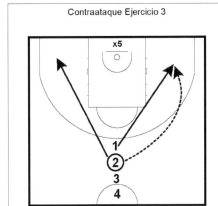 | 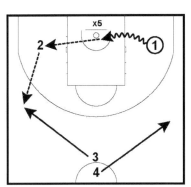 |
| Disposición inicial del ejercicio. | 1 finta tiro, juega en penetración y pasa a 2.<br>3 se abre para recibir pase de 2. 4 también se abre. |
| Contraataque Ejercicio 3 | Contraataque Ejercicio 3 |
|  |  |
| 1 sube a defender a 3 y 2 sube a defender a 4. | 2x3, x5 salta a defender continuamente en 2c1. |

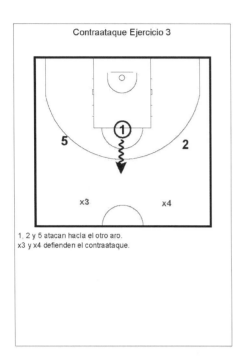

Contraataque Ejercicio 3

5    ①    2

x3         x4

1, 2 y 5 atacan hacia el otro aro.
x3 y x4 defienden el contraataque.

## Contraataque Ejercicio 4

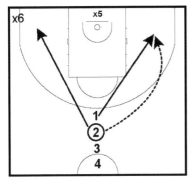

Disposición inicial del ejercicio.

## Contraataque Ejercicio 4

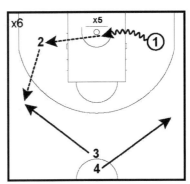

1 finta tiro, juega en penetración y pasa a 2.
3 se abre para recibir pase de 2. 4 también se abre.

## Contraataque Ejercicio 4

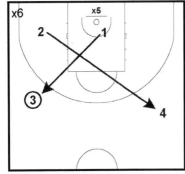

1 sube a defender a 3 y 2 sube a defender a 4.

## Contraataque Ejercicio 4

2x3, x5 salta a defender continuamente en 2c1.

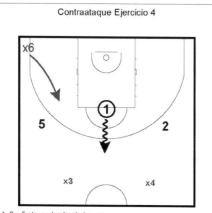

### Contraataque Ejercicio 4

x6

5    (1)    2

x3        x4

1, 2 y 5 atacan hacia el otro aro.
x3 y x4 defienden el contraataque alque se incorpora x6 más
tarde.

## Contraataque Ejercicio 5

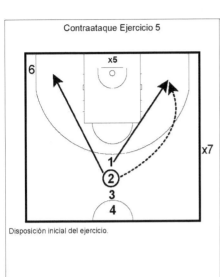

Disposición inicial del ejercicio.

## Contraataque Ejercicio 5

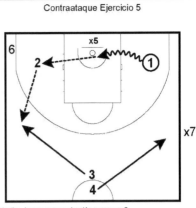

1 finta tiro, juega en penetración y pasa a 2.
3 se abre para recibir pase de 2. 4 también se abre.

## Contraataque Ejercicio 5

1 sube a defender a 3 y 2 sube a defender a 4.

## Contraataque Ejercicio 5

2x3, x5 salta a defender continuamente en 2c1.

## Contraataque Ejercicio 5

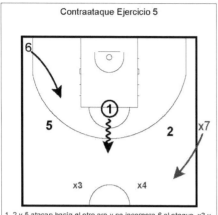

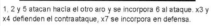

1, 2 y 5 atacan hacia el otro aro y se incorpora 6 al ataque. x3 y x4 defienden el contraataque, x7 se incorpora en defensa.

90

| Contraataque Ejercicio 6 | Contraataque Ejercicio 6 |
|---|---|
| 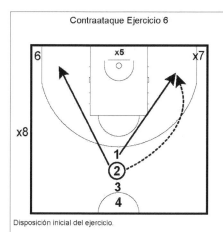 Disposición inicial del ejercicio. | 1 finta tiro, juega en penetración y pasa a 2. 3 se abre para recibir pase de 2. 4 también se abre. |
| Contraataque Ejercicio 6 | Contraataque Ejercicio 6 |
| 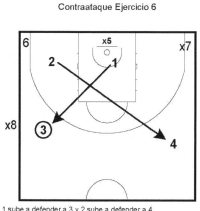 1 sube a defender a 3 y 2 sube a defender a 4. | 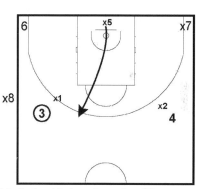 2x3, x5 salta a defender continuamente en 2c1. |

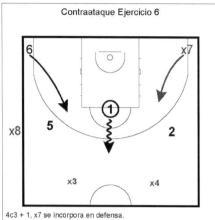

**Contraataque Ejercicio 6**

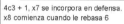

4c3 + 1, x7 se incorpora en defensa.
x8 comienza cuando le rebasa 6

| Contraataque Ejercicio 7 | Contraataque Ejercicio 7 |
|---|---|
|  |  |
| Inicio del ejercicio con pases. | 1 va a defender a 2, 5 va a defender a 4 y 3 se convierte en defensor sin actividad. |
| Contraataque Ejercicio 7 | Contraataque Ejercicio 7 |
| 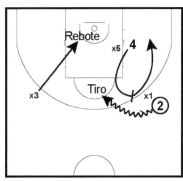 |  |
| Trabajamos una situción de P&R rápida y 3 va al rebote muy fuerte. | 3, 5 y 1 atacan hacia el otro aro, 2 y 4 se convierten en defensores. |

# CAPÍTULO 5: Ejercicios de 1x1

*"Llevar el uno contra uno a lo que podría ocurrir en un juego (partido) es un bonito reto para competir y te estimula mucho".* (Pablo Prigioni)

La aspiración de todo jugador debe ser la de dominar las situaciones de uno contra uno (1x1), forma última que tenemos de atacar antes de afrontar un tiro o una bandeja. Estamos ante la característica más importante que define la habilidad de cualquier jugador.

Otro objetivo a cumplimentar en este compendio de ejercicios es el de intentar enseñar a nuestros jugadores cómo queremos defender algunas situaciones tácticas que se van a dar pero que, principalmente, se tienen que resolver desde el uno contra uno. Por ejemplo, la defensa de los bloqueos directos, indirectos, la de salidas a línea de pase, la de ayuda y recuperación, etc…

*"Hay que leer la posición de los pies del defensor para atacarle siempre el pie que tiene más adelantado".* (Pablo Prigioni)

Lo que pretendemos es conseguir la máxima intensidad de los jugadores. Por ello, se ofrece una relación de ejercicios en los que la agresividad es la nota predominante, tanto para el ataque como para la defensa.

Son ejercicios que, en muchos casos, pueden ser fragmentos del juego colectivo, al igual que en otros capítulos.

En otras dinámicas quizá tengamos que poner el énfasis en hacer una lectura de la defensa, o la defensa una lectura del ataque. También se dan cita en esta sección ejercicios en los que participan varios jugadores, aunque el resultado final vaya a ser el uno contra uno. Con ello, queremos simular mejor algunas situaciones de juego pero el objetivo final es el trabajo individual de una contra uno.

*"Los ejercicios de 1x1 no son del todo reales ya que, muchas veces, se crean buenas situaciones de ventaja a partir de un 1c1 para atraer la defensa y dar una asistencia, y no siempre para finalizar tirando. Pero te ayudan a mejorar y poner en práctica el trabajo anterior de técnica individual".*
(Pablo Prigioni)

# EJERCICIOS DE 1X1

## 1x1 Ejercicio 1

Iniciamos el ejercicio con mucha presión de x1 al balón.

## 1x1 Ejercicio 1

Imagen del ejercicio

1 sólo puede pibotar y debe proteger el balón ante los *zarpazos* continuos de x1.

## 1x1 Ejercicio 1

Cuando E decide, puede empezar 1 a atacar.

## 1x1 Ejercicio 1

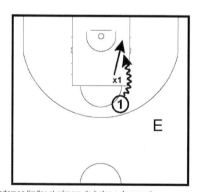

podemos limitar el número de botes o de espacio.

| 1x1 Ejercicio 2 | 1x1 Ejercicio 2 |
|---|---|

Desplazamiento defensivo

1 penetra fuerte a canasta con pocos bote y x1 inicia el desplazamiento defensivo a la vez.

x1 va a defender a 1. x1 debe enontrarse con 1 lo más cerca posible a la línea de 3 puntos.

| 1x1 Ejercicio 2 | 1x1 Ejercicio 2 |
|---|---|

1x1 hacia la otra canasta.

Podemos organizar el mismo trabajo en los dos aros. Mayor tráfico de jugadores.

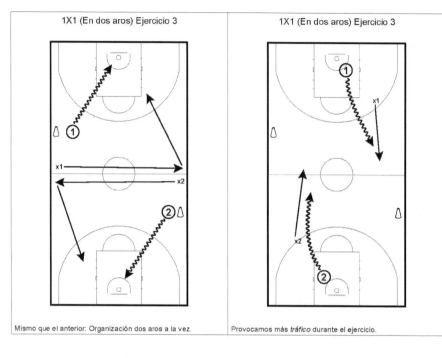

| 1X1 (En dos aros) Ejercicio 3 | 1X1 (En dos aros) Ejercicio 3 |
|---|---|
| Mismo que el anterior: Organización dos aros a la vez. | Provocamos más *tráfico* durante el ejercicio. |

| | |
|---|---|
| **1X1 Ejercicio 4** | **1X1 Ejercicio 4** |

x3 empiza defendiendo, podemos marcar como norma: **no rompen por el centro**.

1 juega 1x1 y sube a defenderen *sprint*. Sólo hay un tiro. 3 coge rebote y cambia de fila.

**1X1 Ejercicio 4**

4 espera un poquito, o podemos hacer pase de vuelta entre 4 y 1 para volver a jugar de nuevo otro 1x1.

**1X1 Ejercicio 4**

4 sube en *sprint* a defender. 1 coge rebote y cambia de fila y así continuamente.

| 1x1 Ejercicio 5 | 1x1 Ejercicio 5 |
|---|---|

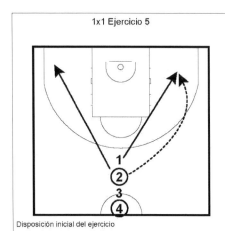

Disposición inicial del ejercicio

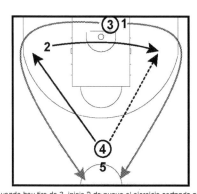

1 finta tiro, juega en penetración y pasa a 2.
3 se abre para recibir pase de 2.

| 1x1 Ejercicio 5 | 1x1 Ejercicio 5 |
|---|---|

1 sube en sprint a defender a 3 y 1x1

Cuando hay tiro de 3, inicia 2 de nuevo el ejercicio cortando por línea de fondo.

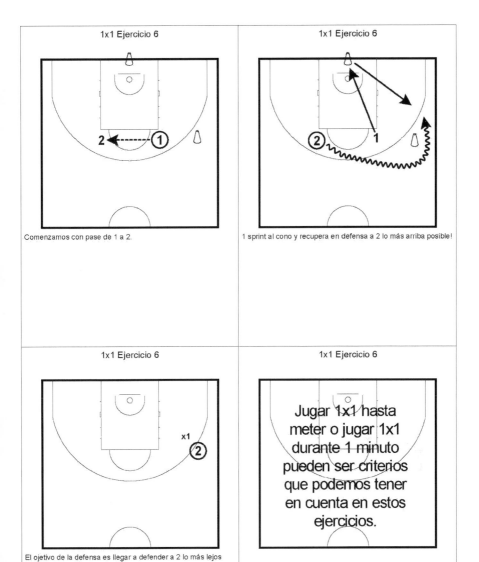

### 1x1 Ejercicio 6

Comenzamos con pase de 1 a 2.

### 1x1 Ejercicio 6

1 sprint al cono y recupera en defensa a 2 lo más arriba posible!

### 1x1 Ejercicio 6

El ojetivo de la defensa es llegar a defender a 2 lo más lejos posible del aro.

### 1x1 Ejercicio 6

Jugar 1x1 hasta meter o jugar 1x1 durante 1 minuto pueden ser criterios que podemos tener en cuenta en estos ejercicios.

## 1x1 Ejercicio 7

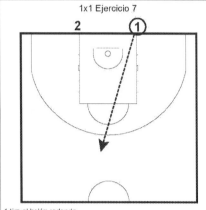

1 tira el balón rodando.

## 1x1 Ejercicio 7

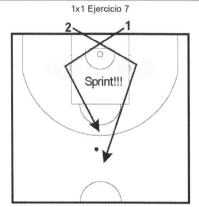

**Sprint!!!**

1 va a defender y 2 va a atacar, ambos rodeando el "*taco*" contrario.

## 1x1 Ejercicio 7

x1

En este caso jugamos 1x1 durante un minuto, *sigue atacando si metes.*

## 1x1 Ejercicio 7

La suma de esfuerzos continuados, puede ser el entrenamiento ideal para el 1x1.

| 1x1 Ejercicio 8 | 1x1 Ejercicio 8 |
|---|---|
| 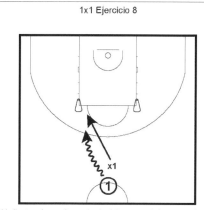 | 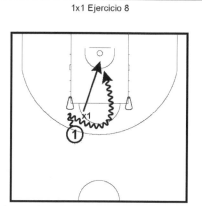 |
| Limitamos el espacio por donde debe pasar el ataque con dos conos. | Podemos variar la posición de los conos. También podemos limitar el número de botes. |

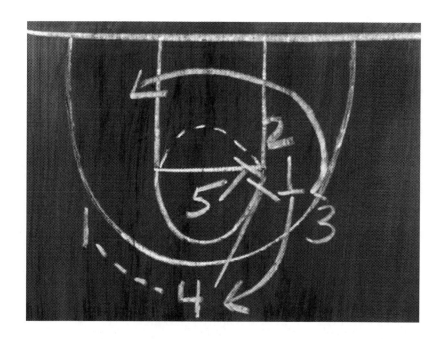

## 1x1 Ejercicio 9

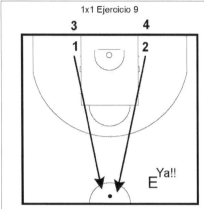

A la señal salen 1 y 2.

## 1x1 Ejercicio 9

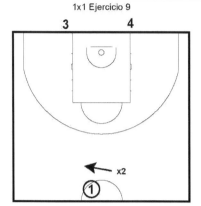

Si coge el balón 1, 2 defiende e iniciamos el ejercicio.

## 1x1 Ejercicio 9

Una recuperación adecuada en este tipo de ejercicios, es clave para el trabajo correcto de la velocidad.

| 1x1 Ejercicio 10 | 1x1 Ejercicio 10 |
|---|---|
|  |  |
| 1 depués de pasar debe decidir un cono para iniciar su defensa. | 2 decide por dónde romper: izquierda o derecha y 1 va a defender. |

## 1x1 Ejercicio 11

1 pasa y va a defender en carrera, 1 se convierte en x1.

## 1x1 Ejercicio 11

A la señal del entrenador, 2 rompe con poco botes en una penetración hacia el otro aro.

## 1x1 Ejercicio 11

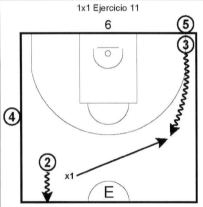

Ahora x1 va defender a 3 en carrera y debe contener el contraataque de 3 hacia el otro aro.

## 1x1 Ejercicio 11

4 inicia el ejercicio y rotación a derecha.

## 1X1 Ejercicio 12

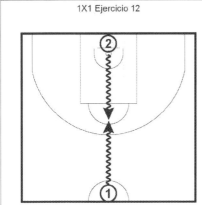

Salir a la vez y 2 hace una parada en un tiempo.
*Trabajo de dribling y apoyos.*

## 1X1 Ejercicio 12

1 debe leer el pie débil para atacar en 1x0.

## 1X1 Ejercicio 12

1 debe leer el pie débil para atacar en 1x0.

| 1x1 Ejercicio 13 | 1x1 Ejercicio 13 |
|---|---|

2 inicia con balón y x1 está en línea de pase.

Con balón en 3 tras pase de 2, x1 trabaja la ayuda.

| 1x1 Ejercicio 13 | 1x1 Ejercicio 13 |
|---|---|

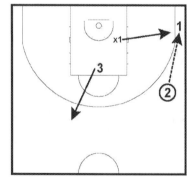

Tras el pase de 3, x1 trabaja la recuperación defensiva.

Ahora comenzamos el 1x1 con los criterios que queramos.

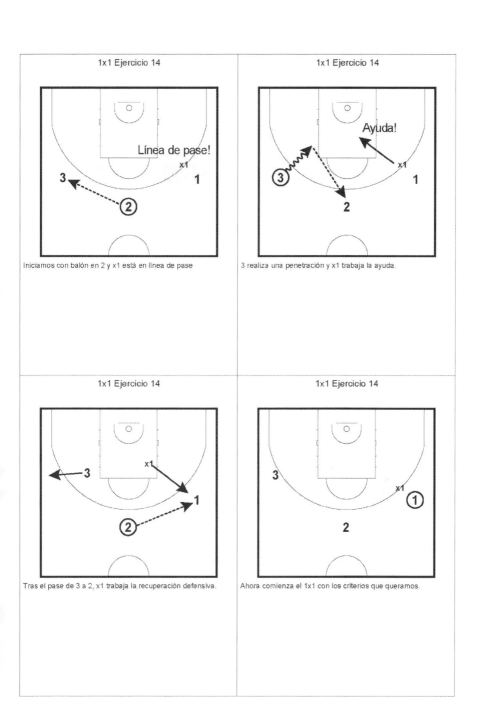

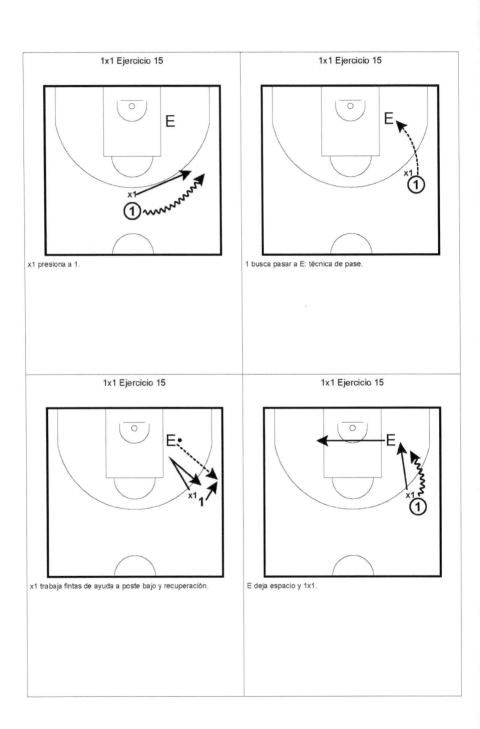

| 1x1 Ejercicio 15 | 1x1 Ejercicio 15 |
|---|---|
| x1 presiona a 1. | 1 busca pasar a E: técnica de pase. |
| 1x1 Ejercicio 15 | 1x1 Ejercicio 15 |
| x1 trabaja fintas de ayuda a poste bajo y recuperación. | E deja espacio y 1x1. |

110

## 1x1 Ejercicio 16

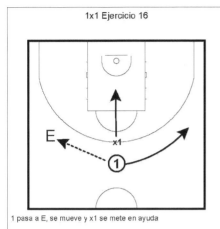

1 pasa a E, se mueve y x1 se mete en ayuda

## 1x1 Ejercicio 16

x1 está en ayuda, E pasa bombeado y x1 recupera.

## 1x1 Ejercicio 16

Ahora comenzamos el 1x1 con los criteiriso que queramos.

## 1x1 Ejercicio 17

Colocamos un jugador, 2 para hacer de bloqueador.
3 pasa a E.

## 1x1 Ejercicio 17

Con balón en E, 3 inicia el ataque y x3 le defiende. Trabajo de lectura. Cómo atacar / defender.

## 1x1 Ejercicio 17

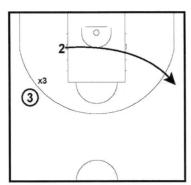

2 se aparta y comenzamos el 1x1 con los criterios que queramos.

112

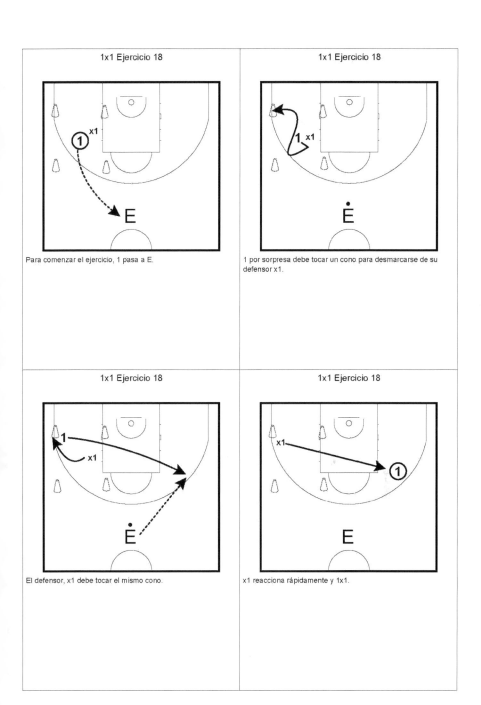

| 1x1 Ejercicio 18 | 1x1 Ejercicio 18 |
| --- | --- |
| Para comenzar el ejercicio, 1 pasa a E. | 1 por sorpresa debe tocar un cono para desmarcarse de su defensor x1. |

| 1x1 Ejercicio 18 | 1x1 Ejercicio 18 |
| --- | --- |
| El defensor, x1 debe tocar el mismo cono. | x1 reacciona rápidamente y 1x1. |

## 1x1 Ejercicio 19

1 pasa a 2 y va defender a E, mientras 2 pasa a 3.

## 1x1 Ejercicio 19

2 va a recibir de nuevo un pase de mano a mano de 3.

## 1x1 Ejercicio 19

**OPCIÓN 1.**

Iniciamos el 1x1, en esta ocasión x1 no ayuda.

## 1x1 Ejercicio 19

**OPCIÓN 2.**

en esta ocasión, x1 ayuda y podemos usar a E para pasar el balón y 2 lucha por recibir de nuevo y seguir jugando 1x1.

| 1x1 Ejercicio 20 | 1x1 Ejercicio 20 |
|---|---|

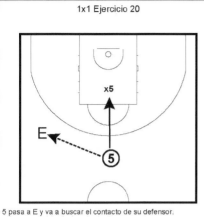

5 pasa a E y va a buscar el contacto de su defensor.

5 lucha por la posición.

## 1x1 Ejercicio 20

De esta forma comienza el 1x1. Podemos jugar hasta meter.

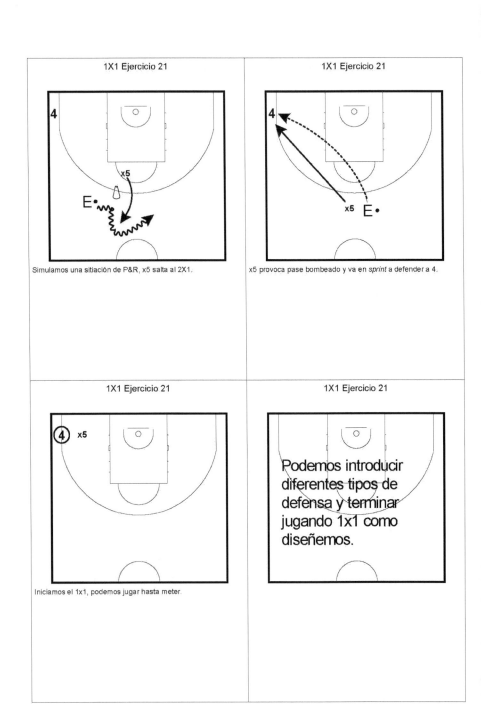

| 1X1 Ejercicio 21 | 1X1 Ejercicio 21 |
|---|---|

Simulamos una sitiación de P&R, x5 salta al 2X1.

x5 provoca pase bombeado y va en *sprint* a defender a 4.

| 1X1 Ejercicio 21 | 1X1 Ejercicio 21 |
|---|---|

Iniciamos el 1x1, podemos jugar hasta meter.

Podemos introducir diferentes tipos de defensa y terminar jugando 1x1 como diseñemos.

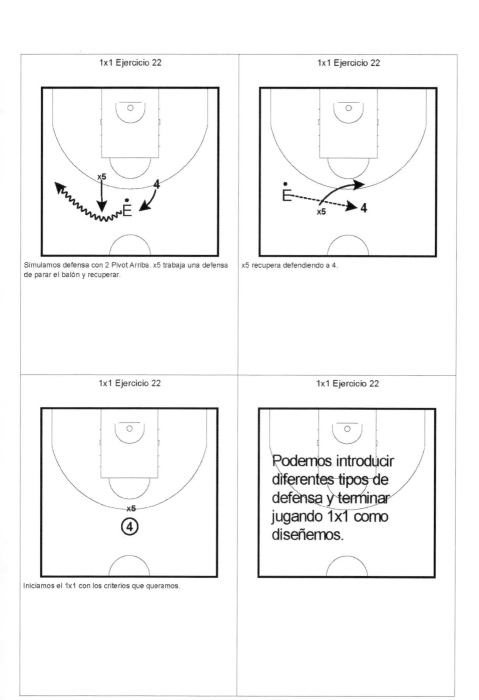

| 1x1 Ejercicio 22 | 1x1 Ejercicio 22 |
|---|---|
| Simulamos defensa con 2 Pivot Arriba. x5 trabaja una defensa de parar el balón y recuperar. | x5 recupera defendiendo a 4. |

| 1x1 Ejercicio 22 | 1x1 Ejercicio 22 |
|---|---|
| Iniciamos el 1x1 con los criterios que queramos. | Podemos introducir diferentes tipos de defensa y terminar jugando 1x1 como diseñemos. |

# CAPÍTULO 6: Ejercicios de 2x2

*"El baloncesto es un juego de lectura y no de imaginación. El jugador que se precie tiene que reaccionar a la situación que se le presenta en el juego".* (Pablo Prigioni)

En las situaciones de 2x2 se resume todo el ataque. Cuando jugamos un 5c5 lo que queremos en realidad es jugar un 2x2 para, a su vez, convertirlo en un 1c1 o en un 1c0.

En este capítulo, al igual que en el anterior, se presentan una serie de ejercicios generales en los que buscamos potenciar la agresividad de los jugadores, tanto atacantes como defensores. La diferencia radica en que, ahora, se van a ir introduciendo paulatinamente pequeñas situaciones tácticas lógicas que se dan a menudo en los 5c5, o bien en nuestros sistemas de juego, incluso en situaciones que nos podemos encontrar a la hora de defender al equipo rival.

En este apartado ya podemos empezar a hablar de ayudas como tal o de una disposición en línea de pase. Sin llegar a tener situaciones completas, sí que vamos a ir dirigiendo estos ejercicios a pequeñas propuestas tácticas.

El planteamiento en este apartado es que trabajemos con nuestras normas defensivas, siendo rígidos y exigentes en cumplir en todo momento con la defensa necesaria en cada caso, permitiéndonos solventar con éxito las dificultades que nos crea el ataque.

*"Trabajaría sobre todo situaciones de pick and roll, de penetrar para forzar ayudas y pasar, volver a dividir y pasar. Buscando atacar los miss match pequeño a grande desde fuera y a la inversa en el poste bajo".* (Pablo Prigioni)

Por otro lado, a la hora de entrenar el 2c2, el técnico tiene que definir si le quiere dar preponderancia a la defensa o al ataque. Si se elige el ataque, lo ideal sería desglosar en 2c2 situaciones que se repiten en nuestro juego o bien en nuestros sistemas. Si nos inclinamos por la defensa, la misión consiste en cumplir nuestras reglas.

# EJERCICIOS DE 2X2

## 2x2 Ejercicio 1

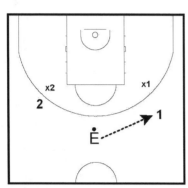

Trabajo de líneas de pase.

## 2x2 Ejercicio 1

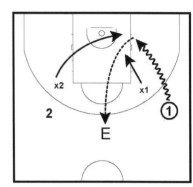

Trabajo de ayuda, sólo se puede pasar al entrenador para invertir el balón.

## 2x2 Ejercicio 1

Mismo trabajo durante 4 pases. A partir del cuarto pase, podemos meter canasta.

## 2x2 Ejercicio 1

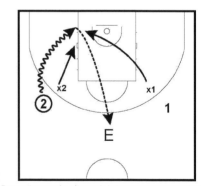

Para meter canasta, sólo puede haber pase entre compañeros dentro de la zona.

| 2x2 Ejercicio 2 | 2x2 Ejercicio 2 |
|---|---|

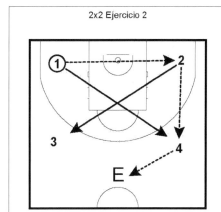

Disposición inicial del ejercicio. 1 y 2 se convierten en x1 y x2.

2x2 desde arriba con balón en E y trabajamos líneas de pase.

| 2x2 Ejercicio 2 | 2x2 Ejercicio 2 |
|---|---|

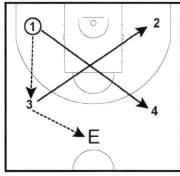

OPCIÓN: jugar en un lado. Ahora 1 y 3 se convierten en x1 y x3.

2x2 desde un lateral. *Posibilidad de trabajar bloqueos indirectos para recibir.*

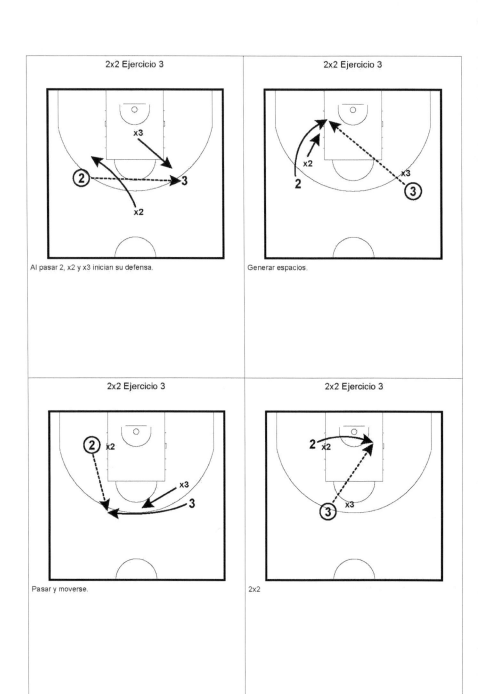

| 2x2 Ejercicio 3 | 2x2 Ejercicio 3 |
|---|---|
| Al pasar 2, x2 y x3 inician su defensa. | Generar espacios. |
| 2x2 Ejercicio 3 | 2x2 Ejercicio 3 |
| Pasar y moverse. | 2x2 |

| 2x2 Ejercicio 4 | 2x2 Ejercicio 4 |
|---|---|

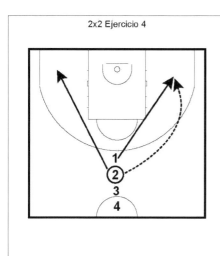

1 finta tiro, juega en penetración y pasa a 2.
3 se abre para recibir pase de 2 y 4 se abre hacia el otro lado también.

| 2x2 Ejercicio 4 | 2x2 Ejercicio 4 |
|---|---|

1 sube a defender a 3 y 2 va a defender a 4

2x2. Podemos marcar diferentes criterios: por ejemplo después 3 y 4 defienden a 1 y 2 a todo campo.

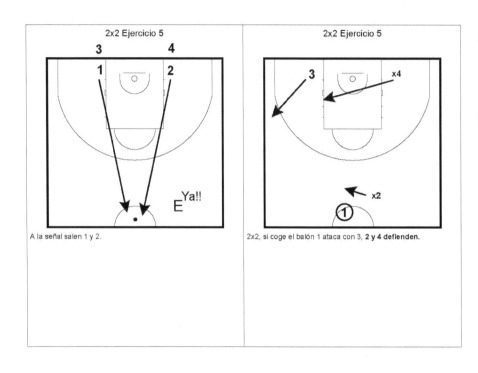

### 2x2 Ejercicio 5

**3**   **4**

**1**       **2**

E$^{Ya!!}$

A la señal salen 1 y 2.

### 2x2 Ejercicio 5

3        x4

x2

①

2x2, si coge el balón 1 ataca con 3, **2 y 4 defienden.**

124

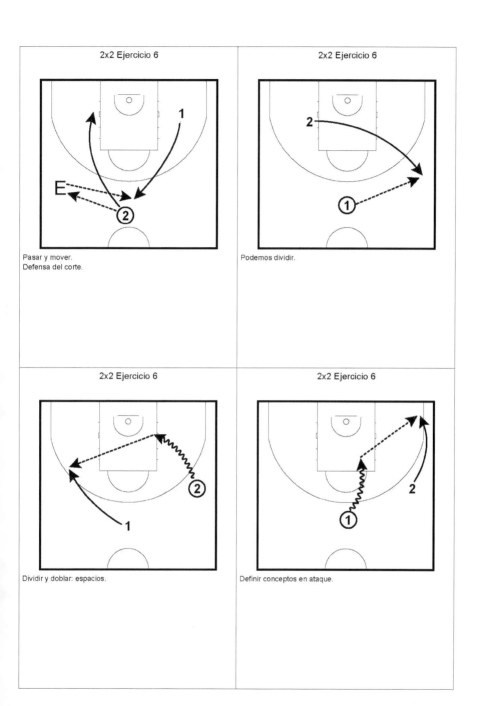

**2x2 Ejercicio 6**

Pasar y mover.
Defensa del corte.

**2x2 Ejercicio 6**

Podemos dividir.

**2x2 Ejercicio 6**

Dividir y doblar: espacios.

**2x2 Ejercicio 6**

Definir conceptos en ataque.

| 2x2 Ejercicio 7 | 2x2 Ejercicio 7 |
|---|---|
|  | |

Iniciamos con pase de 5 a E. Técnica Bloq. Indirecto.
Definir la defensa del Bloq. Indirecto.

Jugamos P&R 1 y 5. Técnica Bloq. Directo.
Definir la defensa del P&R.

| 2x2 Ejercicio 7 | 2x2 Ejercicio 7 |
|---|---|
|  |  |

5 lucha por recibir. Técnica de pase.

Con balón al pivot, jugar cortes / espacios.

| 2x2 Ejercicio 8 | 2x2 Ejercicio 8 |
|---|---|

Comenzamos con pase de 2 a E. Técnica Bloq. UCLA. Marcar el criterio para la defensa del UCLA.

2 sube por bloqueo de 5 . Definir la defensa del Bloq. Indirecto.

| 2x2 Ejercicio 8 | 2x2 Ejercicio 8 |
|---|---|

OPCIÓN 1: Defensa P&R. Definir criterios defensivos.

OPCIÓN 2: 5 lucha por recibir. Trabajo de técnica Individual.

| 2x2 Ejercicio 9 | 2x2 Ejercicio 9 |
|---|---|

1 pasa a E y va a bloquear a 5. Trabajamos la técnica Bloq. Indirecto y definimos los criterios defensivos.

5 y 1 luchan por recibir: fintas de recepción / ganar la posición interior.

| 2x2 Ejercicio 9 | 2x2 Ejercicio 9 |
|---|---|

**OPCIÓN 1**

2x2, con balón en PB: conceptos de pivot / espacios.

**OPCIÓN 2**

2x2, con balón exterior, espacios, sin bloqueos.

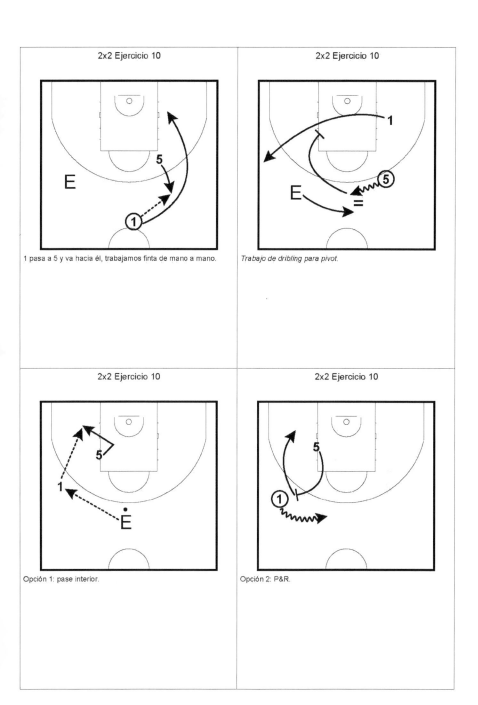

| 2x2 Ejercicio 10 | 2x2 Ejercicio 10 |
|---|---|
| 1 pasa a 5 y va hacia él, trabajamos finta de mano a mano. | *Trabajo de dribling para pivot.* |
| 2x2 Ejercicio 10 | 2x2 Ejercicio 10 |
| Opción 1: pase interior. | Opción 2: P&R. |

| 2x2 Ejercicio 11 | 2x2 Ejercicio 11 |
|---|---|

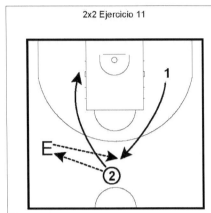

Pasar y mover.
Defensa del corte.

Inversión rápida de balón y 1 corta cambiando de lado.

| 2x2 Ejercicio 11 | 2x2 Ejercicio 11 |
|---|---|

E coge el centro y trabajamos línea de pase.

Trabajo de ayuda, usamos a E para invertir el balón.
Pase entre compañeros sólo si ambos están dentro de la zona.

# CAPÍTULO 7: Ejercicios de 3x3

*"El 3c3 sirve para poder trabajar la ubicación del jugador dentro del campo y, así, poder focalizar la acción desde la cual se toma la consigna. La finalidad es centrar la atención a lo que realmente queremos mejorar en una situación determinada fruto de la compenetración y el entendimiento entre los protagonistas".* (Pablo Prigioni)

El 3x3 se conforma como un apartado fundamental del entrenamiento baloncestístico. Es el ejercicio estrella de todos. Debe estar presente en todas las sesiones de entrenamiento porque es una manera de trabajar el *extra pass* (pase más), las situaciones de ayuda, etc... En realidad, aquí es donde empezamos a construir las situaciones de 5x5. Y es que es en el 3x3 donde podemos practicar aspectos del juego que tienen que ver con el partido real.

El apartado reservado al 3x3 forma parte de un compendio añadido de situaciones tácticas más complejas en el que se da cita la parte esencial del 2x2 más un plus añadido. Se podría hablar de un 2x2+1. En esta relación de ejercicios aparecen, por tanto, situaciones que promueven un pase más en ataque o situaciones de ayuda en defensa.

Son simulaciones vistas ya anteriormente, extraídas del juego real o sistemas que nos podamos encontrar en un partido y nos tienen que servir para mejorar aspectos técnicos, tales como las habilidades técnicas ofensivas: Bloqueos directos, indirectos, cortes, puertas atrás, bote, pase, dinámicas para ganar la posición, etc... Es decir, todas las habilidades técnicas que se pueden presentar en el desarrollo del juego total. Y a todo esto le añadimos las correspondientes defensas, según el objetivo que queramos trabajar en el ejercicio a remarcar.

Es importante que, aunque no queramos que nuestro objetivo sea la defensa principalmente, sí que debemos marcar criterios defensivos –principalmente los nuestros, como ya hablábamos en el capítulo anterior– para que el ataque se encuentre con las dificultades necesarias… y brindarle mucha más energía a la corrección correspondiente. Si por el contrario, el objetivo es la defensa, habría que marcar los objetivos pertinentes mucho más definidos y cerrados.

Al igual que en apartados anteriores es importante resaltar la figura del entrenador, que vuelve a tomar un papel importante –no sólo en las correcciones–. Le hacemos partícipe del ejercicio para conseguir situaciones mucho más reales.

El entrenador está presente en el inicio del ejercicio o bien un ayudante. De esta forma, la intensidad también es diferente y nos ayuda a buscar situaciones más completas y parecidas a las que nos encontraremos en un partido real.

# EJERCICIOS DE 3X3

| 3x3 Ejercicio 1 | 3x3 Ejercicio 1 |
|---|---|

Disposición inicial del ejercicio.

Finta de P&R 2-5 + cambio de ritmo y bloqueo indirecto 5-1. Aplicar normas defensivas.

### 3x3 Ejercicio 1

Jugamos P&R 1 y 5. Técnica Bloq. Directo.
Definir la defensa del P&R.

| 3x3 Ejercicio 2 | 3x3 Ejercicio 2 |
|---|---|

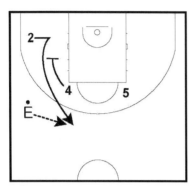

Técnica Bloq. Indirecto.
Defensa bloq. Indirecto

OPCIÓN 1: 4 sube. Técnica Bloq. Directo / Defensa P&R.

| 3x3 Ejercicio 2 | 3x3 Ejercicio 2 |
|---|---|

Con balón en 4, 5 lucha por recibir. Trabajo de técnica individual.

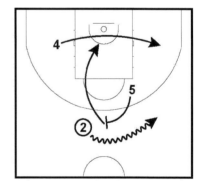

OPCIÓN 2: 4 corta. Técnica Bloq. Directo / Defensa P&R.

| 3x3 Ejercicio 3 | 3x3 Ejercicio 3 |
|---|---|

Trabajamos la técnica de los Bloq. Indirectos.
Definir el criterio de la defensa de Bloq. Indirectos que
queramos aplicar.

3 bloquea a 5 para que gane en PB. Trabajo de dribling para 2 y
técnica de pase.

| 3x3 Ejercicio 3 | 3x3 Ejercicio 3 |
|---|---|

Podemos introducir el trabajo de lecturas de ataque, en este
caso 3 finta de bloq. para ganar posición cerca del aro.

2 si no puede pasar a 3, trabaja con dribling y 5 lucha para
recibir.

## 3x3 Ejercicio 4

Empieza E con balón en la disposición que se muestra en el gráfico. Trabajar la técnica de ataque y definir el criterio defensivo.

## 3x3 Ejercicio 4

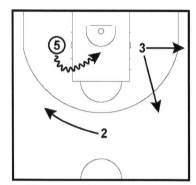

Con 5 en PB, generar espacios.

## 3x3 Ejercicio 4

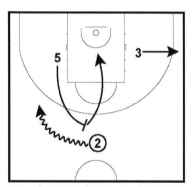

Con balón en 2, rápido P&R. Marcar los criterios defensivos del P&R.

## 3x3 Ejercicio 4

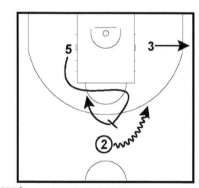

OPCIÓN: cambio orientación de bloqueo.

| 3x3 Ejercicio 5 | 3x3 Ejercicio 5 |
|---|---|

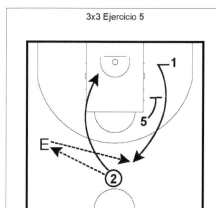

2 pasa a E y comienza el ejercicio. Pasar y mover. Técnica Bloq. Indirectos. Defensa del corte / Bloq. Indirectos.

Con balón en 1, 2 sale por Bloq. de 5 para recibir. Definir la defensa del Bloq. Indirecto.

| 3x3 Ejercicio 5 | 3x3 Ejercicio 5 |
|---|---|

Jugamos P&R 2 y 5. Técnica Bloq. Directo. Definir la defensa del P&R.

OPCIÓN: no hay P&R y hacemos pase de vuelta 2-1. Jugamos 3x3.

| 3x3 Ejercicio 5 | 3x3 Ejercicio 5 |
|---|---|

Con pase de vuelta: podemos jugar rápido P&R 1-5. Definir defensa del P&R.

OPCIÓN: cambio orientación de bloqueo.

| 3x3 Ejercicio 6 | 3x3 Ejercicio 6 |
|---|---|

2 pasa a E y comienza el ejercicio. Pasar y mover. Técnica Bloq. Indirectos. Defensa del corte / Bloq. Indirectos.

Con balón en 1, 2 sale por Bloq. de 5 para recibir. Definir la defensa del Bloq. Indirecto.

| 3x3 Ejercicio 6 | 3x3 Ejercicio 6 |
|---|---|

Ahora jugamos corte UCLA y rápido P&R entre 2 y 5. Marcar los criterios de defensa del corte UCLA.

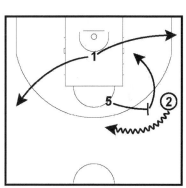

1 debe generar espacios. Definir la defensa del P&R.

| 3x3 Ejercicio 7 | 3x3 Ejercicio 7 |
|---|---|
|  | 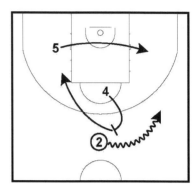 |
| Trabajamos la técnica de los Bloq. Indirectos.<br>Definir el criterio de la defensa de Bloq. Indirectos que queramos aplicar. | OPCIÓN 1: 5 corta. Técnica Bloq. Directo.<br>Defensa P&R. |
| 3x3 Ejercicio 7 | 3x3 Ejercicio 7 |
|  | 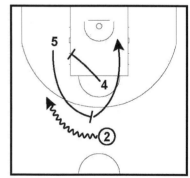 |
| OPCIÓN 2: 5 sube. Técnica Bloq. Directo.<br>Defensa P&R. | OPCIÓN 3: bloq. entre pivots + P&R 2-5.<br>Definir todos los criterios que queramos aplicar. |

# CAPÍTULO 8: Ejercicios de 4x4

*"El 4x4 constituye un medio para puntualizar aún más alguna situación concreta, pudiendo desglosar movimientos ofensivos ya establecidos y llevarlos a un terreno más específico y cercano al 5x5".* (Pablo Prigioni)

Finalizamos esta recopilación de ejercicios con el 4 para 4, que es la manera última de entrenar todas las situaciones posibles antes de llegar al 5x5. Para no reiterar aspectos que ya hemos hablado en el 2x2 o en el 3x3, la idea es seguir trabajando aspectos técnicos comentados anteriormente pero, en esta ocasión, de una forma más completa si cabe, sobre todo en el aspecto defensivo.

Podemos hablar en algunos casos de la segunda ayuda o de la rotación defensiva. Se trata de plasmar una semejanza de dinámicas muy próximas a las que se dan en el propio partido. En otros momentos incidiremos también en los saques de fondo, situaciones que pueden suponer una canasta fácil si no estamos con la tensión necesaria en defensa.

En este último apartado te vas a encontrar con ejercicios puramente defensivos. En definitiva, cuentan con un diseño centrado en trabajar la defensa, mientras que el ataque pierde un poco el sentido. Lo que se pretende es aprender a defender diferentes situaciones que luego nos podemos encontrar en un partido.

*"Al igual que en ataque, la defensa es muy práctica para trabajar tácticamente, pudiendo aislar situaciones*

*concretas ofensivas a las que emplearemos respuestas tácticas defensivas. La amplitud del campo pone más en evidencia el error, lo cual es beneficioso para la corrección".*
(Pablo Prigioni)

El entrenador seguirá presente en el ejercicio como un jugador más, como ya hicimos en al capítulo anterior. Al empezar el ejercicio con un entrenador puede que la actividad y la intensidad sean mejores que si lo comenzamos con un jugador.

Para finalizar, queremos resaltar el trabajo de *timing* (coordinación espacio-tiempo). La buena ejecución de los ejercicios se torna muy importante. Así, de esta manera, educamos a nuestros jugadores en un aspecto vital: la buena coordinación entre ellos de cara a conseguir el éxito del movimiento.

# EJERCICIOS 4X4

| 4x4 Ejercicio 1 | 4x4 Ejercicio 1 |
|---|---|
| 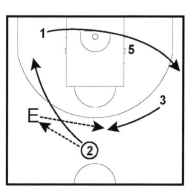 | 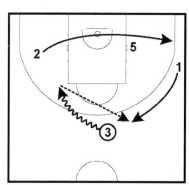 |
| 2 pasa a E y comienza el ejercicio. Pasar y mover. Generar espacios. Trabajamos la defensa del corte. | Utilización correcta de espacios. Introducir las normas que queremos usar en nuestro juego. |
| 4x4 Ejercicio 1 | 4x4 Ejercicio 1 |
| 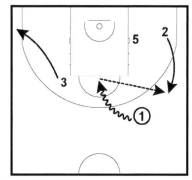 | 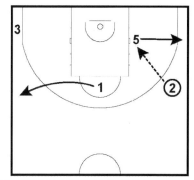 |
| Lectura de juego: divisiones. | Podemos jugar con un interior o todos abiertos. |

| 4x4 Ejercicio 2 | 4x4 Ejercicio 2 |
|---|---|

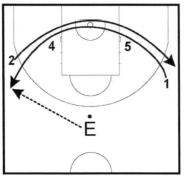

| E inicia con balón y 1 y 2 cortan para poder recibir. Definir como vamos a defender en todas las situaciones que vamos a trabajar. | En este caso recibe 1, juega 1x1 y 4 se abre para dejarle espacio o para poder recibir abierto. |
|---|---|

| 4x4 Ejercicio 2 | 4x4 Ejercicio 2 |
|---|---|

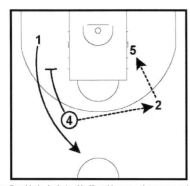

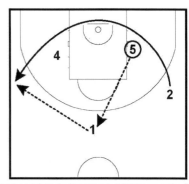

| 4 recibe abierto, invierte el balón y bloquea a 1 para que suba. 5 lucha por recibir el balón en PB. | Llegados a este punto, tenemos que definir los conceptos de juego que queramos en ataque y defensa. |
|---|---|

| 4x4 Ejercicio 3 | 4x4 Ejercicio 3 |
|---|---|

E inicia con balón y 1 y 2 cortan para poder recibir. Definir como vamos a defender en todas las situaciones que vamos a trabajar.

En este caso recibe 1, juega 1x1 y 4 se abre para dejarle espacio o para poder recibir abierto.

| 4x4 Ejercicio 3 | 4x4 Ejercicio 3 |
|---|---|

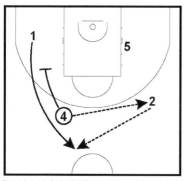

4 recibe abierto, invierte el balón y bloquea a 1 para que suba. En este caso vamos a trabajar P&R central.

P&R entre 1 y 4, 5 corta por línea de fondo generando espacio.

| 4x4 Ejercicio 4 | 4x4 Ejercicio 4 |
|---|---|

E inicia con balón y 1 y 2 cortan para poder recibir. Definir como vamos a defender en todas las situaciones que vamos a trabajar.

En este caso recibe 1, juega 1x1 y 4 se abre para dejarle espacio o para poder recibir abierto.

| 4x4 Ejercicio 4 | 4x4 Ejercicio 4 |
|---|---|

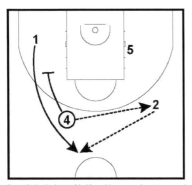

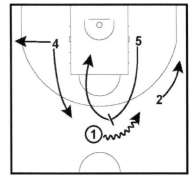

4 recibe abierto, invierte el balón y bloquea a 1 para que suba. En este caso vamos a trabajar P&R central.

P&R entre 1 y 5, 4 puede subir o abrirse, en función la idea que queramos trabajar.

| 4x4 Ejercicio 5 | 4x4 Ejercicio 5 |
|---|---|

Vamos a trabajar situaciones desde saque de fondo.
Principalmente nos interesa la defensa de los Bloq. Indirectos.

Sin decuidar los detalles ofensivos, necesitamos definir el
criterio de la defensa a trabajar.

| 4x4 Ejercicio 5 | 4x4 Ejercicio 5 |
|---|---|

OPCIÓN 1: pase 2-5, ganar posición cerca del aro.

OPCIÓN 2: P&R 2-5.
Defensa P&R.

| 4x4 Ejercicio 6 | 4x4 Ejercicio 6 |
|---|---|

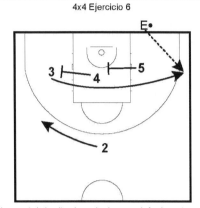

Vamos a trabajar situaciones desde saque de fondo.
Principalmente nos interesa la defensa de los Bloq. Indirectos.

Desarrollaremos detalles ofensivos habituales que nos podemos encontrar, por eso necesitamos definir el criterio defensivo a trabajar.

| 4x4 Ejercicio 6 | 4x4 Ejercicio 6 |
|---|---|

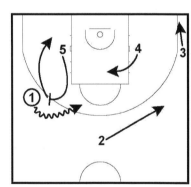

Ocupación de espacios. Técnica individual.

Podemos terminar con P&R 1-5.
Lectura / defensa P&R.

## 4x4 Ejercicio 7

2 pasa a E y corte UCLA. Definir la defensa para todas las situaciones que vamos a trabajar.

## 4x4 Ejercicio 7

2 puede ganar en PB. E decide pasar a 5 (fintas de recepción) y 4 bloquea a 3 para que finalicemos la inversión del balón.

## 4x4 Ejercicio 7

Con balón en 3, jugamos cortes para crear la situación de todos abiertos.

## 4x4 Ejercicio 7

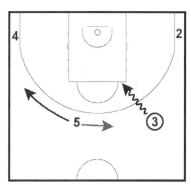

Con todos abiertos, definir el estilo que queremos: divisiones, generar espacios...

| 4x4 Ejercicio 8 | 4x4 Ejercicio 8 |
|---|---|

2 pasa a E y corte UCLA. Definir la defensa para todas las situaciones que vamos a trabajar.

Con balón en E, vamos a trabajar una situación de triple poste. 4 recibe y 5 bloquea a 2 para que pueda recibir.

| 4x4 Ejercicio 8 | 4x4 Ejercicio 8 |
|---|---|

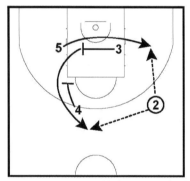

3 bloquea a 5 para que reciba en PB y 4 bloquea la salida de 3.

Si no podemos jugar en PB a la primera, podemos insistir cambiando el balón de lado.

| 4x4 Ejercicio 9 | 4x4 Ejercicio 9 |
|---|---|
|  | |

2 pasa a E y corte UCLA. Definir la defensa para todas las situaciones que vamos a trabajar.

Con balón en E, vamos a trabajar una situación de triple poste. 4 recibe y 5 bloquea a 2 para que pueda recibir. Atención a 3, que puede ganar en PB.

| 4x4 Ejercicio 9 | 4x4 Ejercicio 9 |
|---|---|
| 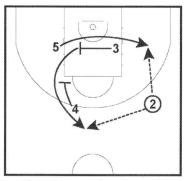 |  |

3 bloquea a 5 para que reciba en PB y 4 bloquea la salida de 3.

Ahora queremos trabajar P&R central entre 3 y 4. 5 corta por línea de fondo generando espacio.

| 4x4 Ejercicio 10 | 4x4 Ejercicio 10 |
|---|---|

Especial ejercicio para defender, definir el criterio defensivo que vamos a trabajar. Con balón en E, 2 y 3 cortan para recibir.

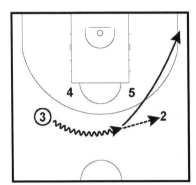

Recibe 3 y comienza fuerte con dribiling para pasar a 2 y se va a la esquina.

| 4x4 Ejercicio 10 | 4x4 Ejercicio 10 |
|---|---|

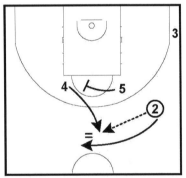

Cuando tiene 2 el balón, hay bloqueo de 5 para 4 para que 4 pueda recibir. Con balón en 4, 2 va a recibir un pase de mano a mano.

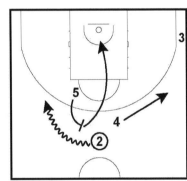

4 se abre y juegan P&R 2 y 5.

| 4x4 Ejercicio 11 | 4x4 Ejercicio 11 |
|---|---|
|  |  |
| Trabajamos la técnica de los Bloq. Indirectos. Definir el criterio de la defensa de Bloq. Indirectos que queramos aplicar. | Posibilidad de pasar a 5 y a 1: fintas de recepción / ganar una posición interior. |

| 4x4 Ejercicio 11 | 4x4 Ejercicio 11 |
|---|---|
|  | |
| Técnica Bloq. Indirectos. 5 puede jugar en PB o abrirse. Defensa Bloq. Indirectos. | Todos abiertos: generar espacios / divisiones. Defensa 1x1 y ayudas. |

| 4x4 Ejercicio 12 | 4x4 Ejercicio 12 |
|:---:|:---:|

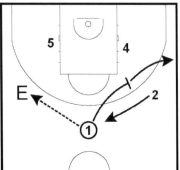

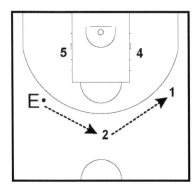

| Disposición inicial del ejercicio. Técnica Bloq. Indirecto. Defensa Bloq. Indirecto. | Inversión. Trabajo de pases. Defensa línea de pase. |
|:---|:---|

| 4x4 Ejercicio 12 | 4x4 Ejercicio 12 |
|:---:|:---:|

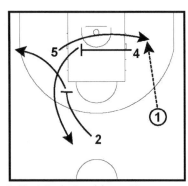

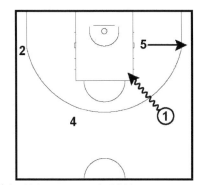

| Técnica Bloq. Indirectos. 5 puede jugar en PB. Defensa Bloq. Indirectos. | Todos abiertos: generar espacios / divisiones. Defensa 1x1 y ayuda. |
|:---|:---|

| 4x4 Ejercicio 13 | 4x4 Ejercicio 13 |
|---|---|

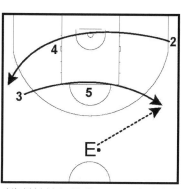

Disposición inicial del ejercicio. Empezamos cortando 3 y 2.

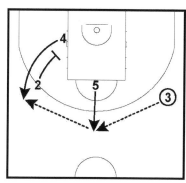

Técnica Bloq. Indirecto, fintas de recepción.
Defensa Bloq. Indirecto / línea de pase.

| 4x4 Ejercicio 13 | 4x4 Ejercicio 13 |
|---|---|

Buscamos una situación de PB para 3. Técnica Bloq. Indirectos.
Defensa Bloq. Indirectos entre exteriores.

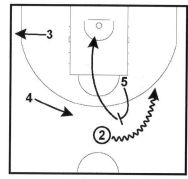

Podemos finalizar con P&R 2-5. Técnica Bloq. Directo.
Defensa P&R.

## 4x4 Ejercicio 14

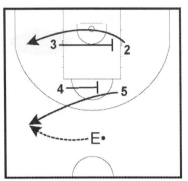

Especial ejercicio para defender. Técnica Bloq. Indirectos. Atención PB exteriores de 2. Defensa Bloq. Indirectos.

## 4x4 Ejercicio 14

Con balón en 5, rápidamente mano a mano 4-3. Definir la defensa del mano a mano.

## 4x4 Ejercicio 14

Llegados a este punto, jugamos situación de *staggers*. 2 sale por bloqueos de 4 y 5 para buscar un tiro. Marcar la defensa de *staggers* que queremos.

## 4x4 Ejercicio 14

Si no hay tiro de 2, podemos finalizar con P&R 2-4, o crear otro tipo de situación final. Definir la defensa del P&R.

| 4x4 Ejercicio 15 | 4x4 Ejercicio 15 |
|---|---|

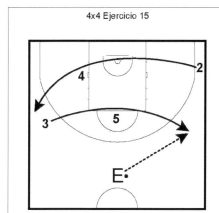

Disposición inicial del ejercicio.

Técnica Bloq. Indirectos. Fintas de recepción.
Defensa Bloq. Indirecto / línea de pase.

| 4x4 Ejercicio 15 | 4x4 Ejercicio 15 |
|---|---|

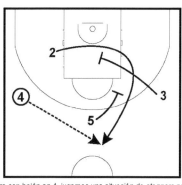

Ahora con balón en 4, jugamos una situación de *staggers* para 2. Definir la defensa de *staggers*.

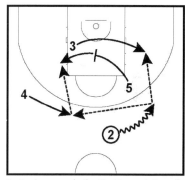

Para finalizar jugamos esta situación: bloqueo de 5 para 3 para buscar PB de estos. Trabajamos el poder ganar posición cerca del aro.

| 4x4 Ejercicio 16 | 4x4 Ejercicio 16 |
|---|---|

Disposición inicial del ejercicio. Definimos la defensa que queremos utilizar con 2 pivot arriba.

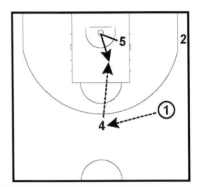

Primera posibilidad es jugar poste alto-poste bajo.

| 4x4 Ejercicio 16 | 4x4 Ejercicio 16 |
|---|---|

Si no hay nada seguimos el ejercicio jugando *crosspick*, y la posibilidad de pasar a 5.

Opción 1.

Terminamos el ejercicio y de esta forma todo el repaso defensivo con varias opciones.

| 4x4 Ejercicio 16 | 4x4 Ejercicio 16 |
|---|---|
|  |  Opción 2. |
| Tras el mano a mano, jugar P&R 2-5. | Una segunda opción puede que 2 busque recibir abierto. |

| 4x4 Ejercicio 16 | 4x4 Ejercicio 16 |
|---|---|
|  |  Opción 3. |
| Ahora jugamos P&R 2-4 y 5 gana dentro de la zona. | Como última opción, volvemos a jugar otra posibilidad más de poste alto-poste bajo. |

# ANEXO

**Progresión y Desarrollo de los FUNDAMENTOS para un Baloncesto Veloz**

En ocasiones buscamos que nuestros equipos jueguen rápido, con el objetivo puesto en sacar canastas fáciles, de ventaja. En definitiva, jugar bonito y atractivo. Todas estas premisas no siempre están acompañadas de un trabajo previo, de una dedicación adecuada para llevar a cabo ese tipo de baloncesto.

Es necesario que los entrenadores nos respondamos a una serie de preguntas:
¿Tenemos a nuestros jugadores preparados, no sólo físicamente, sino también técnicamente, para poder jugar situaciones de ventaja?
¿Dominan nuestros jugadores los fundamentos de una manera ágil para poder afrontar las ventajas que se den en una transición ofensiva?
Y por último, ¿trabajamos la agresividad y la activación defensiva para iniciar el ataque con ventaja?

A continuación, partiendo de una misma base, recopilamos una serie de ejercicios ya comentados en capítulos anteriores. La finalidad está en que los podamos realizar de una manera progresiva, en función de nuestras necesidades, aunque también los podemos utilizar de manera aislada, sin utilizar la progresión que se explica a continuación.

El primer ejercicio a desarrollar es muy básico, pero debemos trabajarlo concienzudamente, de manera que no se nos escapen los detalles que van a marcar la técnica individual, más adelante requerida por nuestros jugadores. No debemos pasar por alto todas las correcciones oportunas. Lo importante del ejercicio son los detalles técnicos: Pase, bote, recepciones, paradas, salidas, fintas, tiro, etc. Y todas las variantes que se nos ocurran dentro de cada fundamento. A todo lo anterior hay que añadir las matizaciones necesarias a los aspectos defensivos que vayan apareciendo: 1x1, recuperación al hombre con balón, línea de pase, ayudas, bloqueo de rebote, balance defensivo...

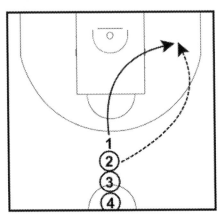

Típico ejercicio de tiro, en el que vamos a trabajar los pases, las salidas y las recepciones. La salida se ejecuta de abajo a arriba, una de las situaciones más reales y comunes que se puedan dar en un partido.

1 tira, coge su rebote y sube a la fila. 2, una vez que pasa a 1, corta en la situación dibujada (salida de carretón) y seguimos el ejercicio.

\* **Variantes: tiro tras finta; tiro tras finta y bote; tiro pierna atrás; salida a 3 puntos.**

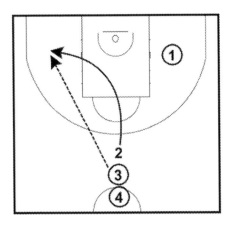
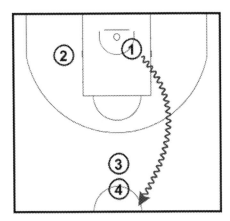

El ejercicio no tiene ningún tipo de complejidad pero el entrenador debe incidir constantemente en la correcta ejecución del pase, de la recepción, de la parada, de la salida, del tiro, de las fintas... En definitiva, no pasar por alto los detalles de la técnica a trabajar.

A continuación se da forma al mismo ejercicio pero modificándolo en ciertos movimientos con el fin de trabajar el *dribling, el pase, las recepciones, las salidas y las situaciones cerca del aro*. No se trata sólo de centrarlo en el poste bajo, ya que podemos optar por dos opciones: Poste bajo o salida para encarar y jugar cerca del aro.

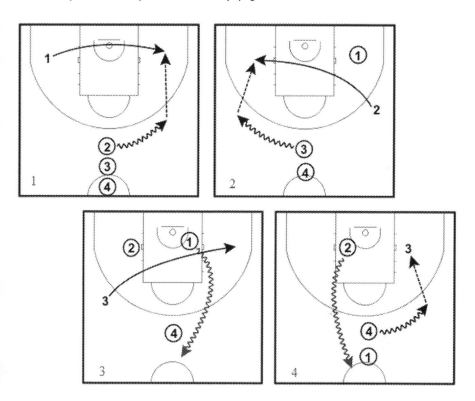

1 inicia el ejercicio en un lado para crear la situación cerca del aro. 1 tira, coge su rebote y sube a la fila. 2, una vez que pasa a 1, corta generando la misma situación de poste bajo pero en el lado contrario.

Se puede elegir entre realizar situaciones de poste bajo —de esta manera trabajamos movimientos de espaldas al aro— o podemos hacer que los jugadores más grandes o pívots jueguen de espaldas y los jugadores que no son interiores, más polivalentes, que puedan recibir un poco más abiertos y jugar de cara.

*Un aspecto importante a tener en cuenta es que lo adecuado es que todos los jugadores sepan actuar cerca del aro. No únicamente los pívots, sino también los bases. Grandes o pequeños deben tener contar con éste recurso en su arsenal técnico. Al igual que en el primer ejercicio, en el actual se contribuye a desarrollar el tiro de nuestros jugadores más grandes que, quizá, usan poco en los partidos. En definitiva, la premisa básica sobre la que sustentar la filosofía del técnico consiste en formar continuamente a los jugadores que tenemos a nuestra disposición hacia una mejora continua. Buscamos jugadores completos, con recursos.*

A continuación, se avanza en la progresión del ejercicio, como ya se hacía referencia en la introducción. Siguiendo con la misma base, ahora se introduce la opción de un pase más, de dividir, de fintar y jugar. Todo ello, sin olvidar la técnica individual que ya hemos trabajado en los ejercicios anteriores.

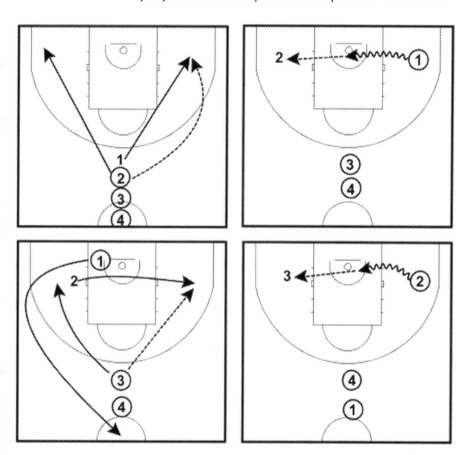

El desarrollo del ejercicio sería: 1 inicia el movimiento, recibe pase de 2, que baja para buscar pase. 1 finta tiro, juega con un bote y pasa a 2. Éste realiza un tiro y 1 coge el rebote para subir de nuevo a la fila. El ejercicio continúa de esta forma: Una vez que 2 tira, corta para recibir pase de 3 y volver a desarrollar todo el proceso anterior. Como variante, podemos ampliar los recursos técnicos, no sólo hacer un tiro y listo, sino trabajar el tiro tras finta, tras finta y bote y con finta y penetración, entre otras opciones técnicas que podemos introducir.

Principalmente estamos potenciando el juego de cara, un recurso vital para el baloncesto actual. Saber botar, pasar y tirar en situaciones abiertas son herramientas necesarias para que nuestros jugadores no cometan pérdidas o violaciones.

En un siguiente paso, creamos el caldo de cultivo para jugar en un espacio más reducido. Al igual que se ha subrayado con anterioridad, no hablamos en exclusiva de poste bajo, sino de aportar al jugador los recursos necesarios para que sepa utilizarlos cuando se encuentre cerca de la canasta, independientemente de que tenga un rol interior o exterior, sea grande o pequeño. Ahora llega el turno de saber jugar con los espacios cerca de canasta.

El ejercicio se inicia de esta forma: 1 realiza un corte típico de poste bajo. Podemos hacer que juegue de espaldas o que juegue de cara. Para los matices técnicos que queremos trabajar, da lo mismo. Lo ideal es que trabajen de las dos maneras.

El objetivo es trabajar la situaciones de pases interiores, así que vamos a entrenar también el dribling, para mejorar el ángulo de pase. Por lo tanto, 2 inicia el ejecito con dribling y tenemos que estar muy pendientes del pase a 1.

Con el balón en 1, éste puede jugar bien de espaldas o bien de cara. Se pretende que 2 reconozca el espacio que debe ocupar para finalizar con un tiro. Y aquí, como se ha señalado previamente, se pueden introducir diferentes tipos de tiro, con fintas, juego de espaldas al aro, etc...

En el dibujo, 1 juega por el centro y 2 acude a ocupar el espacio yendo por la línea de fondo.

En la continuación del ejercicio se dibuja otra opción: Gráficos 3 y 4. 1 coge el rebote y sube a la fila. 2 gana cerca del aro. 3 inicia el bote y pasa dentro. 3 corta después de pasar y, ahora, 2 juega por línea de fondo. Entonces, 3 ocupará el espacio yendo por el centro.

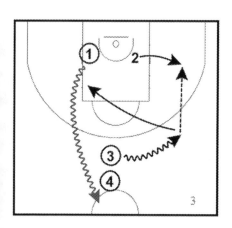

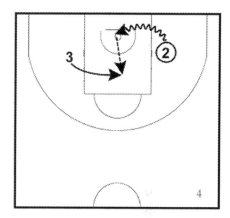

## 3. FLECHA DE TIRO EN 1X1

El siguiente paso es continuar la progresión del ejercicio buscando la agresividad, otra característica importante si queremos jugar rápido. Ponemos a los jugadores en fila, alternando jugador sin balón y jugador con balón.

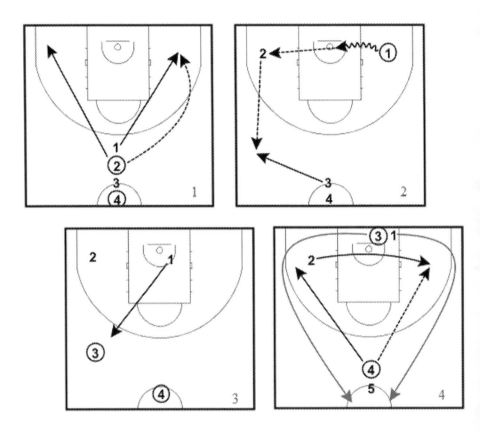

Partiendo del mismo inicio y siguiendo los mismos detalles que hemos comentado en las fases anteriores, en este nuevo ejercicio, 1, después de pasar a 2, sube a defender a 3 que se abre para recibir pase de 2 y así jugar 1x1.

Rotación: 2 pasa a convertirse en defensor y corta para recibir el pase de 4. 5 será el próximo atacante. 3 y 1 cogen el rebote y suben a la fila.

Llegados a este punto, comenzamos a utilizar los dos campos. Seguimos con el mismo inicio.

Ahora la fila la deben componer: Jugador sin balón (1), jugador con balón (2), jugador sin balón (3) y jugador sin balón (4).

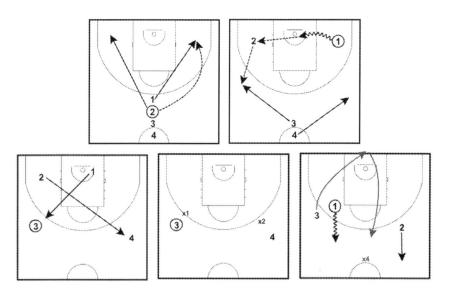

1 corre para recibir de 2, que corta, como viene siendo habitual en las fases anteriores. Con el balón en 2, 3 se abre para recibir el pase de 2 y 4 también se abre. 1 defiende a 3 y 2 defiende a 4, y así juegan 2x2. El tirador debe pisar la línea de fondo y hacer el balance defensivo, en este caso es 3 quien tira a canasta.

Podemos introducir la opción de jugar con bloqueos directos (atentos a las correcciones oportunas en función de la defensa que deseemos trabajar). La rotación se define de la siguiente manera: O todos rotamos a derecha o a izquierda, o definimos cuartetos para que vayan siempre juntos y cambien entre ellos. También podemos tener definidas parejas y se va cambiando el rol entre la propia pareja.

El resto de jugadores de la fila central deben esperar fuera del terreno y entran cuando pasan de medio campo.

Como variante, es posible utilizar a un entrenador para empezar el 2x2 trabajando la línea de pase:

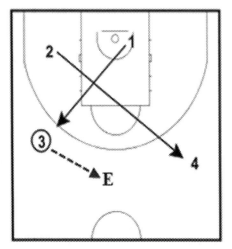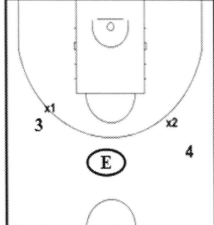

Una vez que el balón le llega a 3, éste le pasa a E (entrenador) y así se provoca el iniciar el 2x2 desde una situación de línea de pase. Por lo tanto, pueden aparecer no sólo aspectos defensivos a desarrollar, sino también opciones de ataque como las fintas de recepción, puerta atrás, etc...

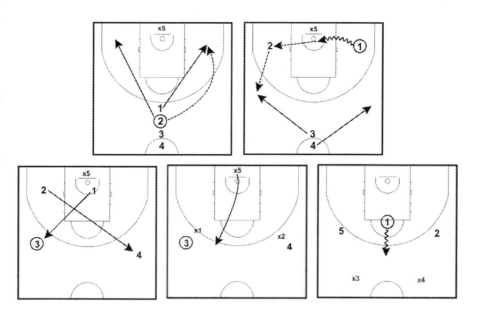

Mismo inicio que en los anteriores. Se añade una fila debajo del aro y se utilizan los dos aros.

Una vez llegados al 2x2 (mismo desarrollo que en el ejercicio anterior) X5 sale a defender a 3 ó a 4 para hacer un 2x1. Así buscamos la agresividad en defensa para generar una salida rápida de contraataque. X5 no tiene un defensor concreto, debe forzar continuamente 2x1 con su propia iniciativa.

Este ejercicio continúa con 3 y 4 como defensores y X1, X2 y X5 como atacantes en dirección a la canasta contraria. Objetivo: Buscar una ventaja clara en ataque y en contraataque.

En este caso, en la rotación del ejercicio es mejor que marcar el número de filas y rotar todos para que, de esta forma, provocar también diferentes situaciones que se pueden dar en un partido: Dos jugadores grandes en contraataque, tres pequeños contra 2 grandes, etc...

El resto de jugadores de la fila central deben esperar fuera del campo y entrar cuando pasen del medio campo.

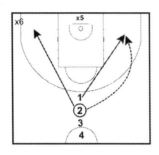
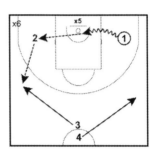

En este punto de la progresión del ejercicio se llega a una posible situación de 3x3 añadiendo una fila más: X6.

Todo el desarrollo es igual que en el ejercicio anterior. X5 defenderá por iniciativa propia situaciones de 2x1 y, una vez que 3 y 4 terminen su ataque, ahora dispone de la fila X6, que saldrá en cuanto inicien el ataque los jugadores 1, 2 y 3. El objetivo del ataque es conseguir que X6 no llegue a defender.

La rotación puede hacerse con el mismo criterio del ejercicio anterior (todos rotan), o podemos definir tríos y que cambien entre ellos el rol cada vez que les toque su turno.

Igual que el anterior. Primero, se establece el planteamiento para jugar una situación de 2x3 y se concluye con un 4x3 en contraataque.

Se añade la fila X7 en mitad de medio campo, tal y como aparece en el gráfico. Ahora, la fila 6 hace el rol de ataque. Buscamos generar una situación de 4x3, en la que ya tienen que aparecer diferentes lecturas de juego en contraataque más parecidas a las reales que se pueden dar en un partido.

En este caso, para la rotación del ejercicio, es mejor marcar el número de filas y rotar todos para que, de esta forma, provocar diferentes situaciones que se pueden dar en un partido: Dos grandes en contraataque, tres pequeños contra 2 grandes, etc...

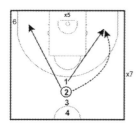
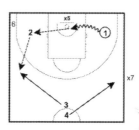

Último paso de la progresión, con la posibilidad de llegar al 4x4 en contraataque.

Mismo desarrollo de partida que en los anteriores, pero añadiendo la fila X8. En este caso, bajamos la fila X7 a la línea de fondo para conseguir el efecto perseguido: Que llegue tarde, con el objetivo de fomentar situaciones de 4x3 y un defensor más que llegará después, algo que puede ser muy normal en un partido.

Dos opciones para la rotación: 1) Todos rotan a derecha o a izquierda. 2) Se pueden crear cuartetos ya planificados en función de los jugadores que tenemos o de las situaciones que queramos provocar.

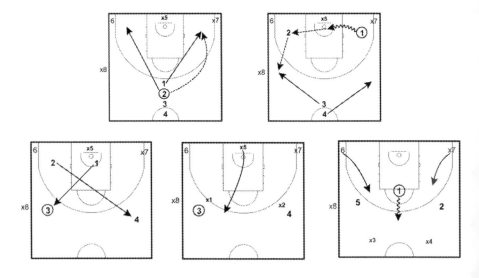

Con esta progresión hemos pretendido conseguir dos cosas, principalmente:

- El trabajo de la técnica individual dentro de una situación de juego lo más real posible.
- Que, cuando corramos, tengamos en la medida de lo posible un control correcto de la situación para no perder el balón (muchas veces, las situaciones de ventaja se convierten en pérdidas y pases a la grada).

Esta progresión nos debe servir también para invitar a la agresividad y al trabajo defensivo a partir de una recopilación de ejercicios tipo. Aunque no es lo primordial de esta propuesta, lo que está claro es que puede servirnos para ir introduciendo aspectos defensivos que luego serán muy necesarios cuando de verdad queramos trabajar la defensa como tal.

Ahora, la labor del técnico consiste en intentar matizar y dar sentido a los ejercicios propuestos durante todo libro. Buscar más variantes, cambiar la ubicación de las filas, introducir diferentes detalles o crear situaciones susceptibles de interés.

Una propuesta final para el lector-entrenador: La misión de innovar y crear nuevos ejercicios a partir de una base preestablecida, como puede ser la que aporta este libro. Porque, aunque se diga que todo está inventado, el reto y la aventura de entrenar consiste en la necesidad permanente de trabajar ejercicios que sintamos como nuestros.